职业教育城市轨道交通理实一体化系列教材

城市轨道交通行车组织

主　编　胡兴丽　龙　讯　刘　奇

副主编　蒋镇航　于亚峰　曹立明

参　编　徐　敏　程　翠　穆云江

　　　　罗洪强　张兴华　刘　杰

　　　　汪　亮　黄艳清　周桃芳

主　审　李金明

机械工业出版社

本书以项目任务的形式进行编写，以城市轨道交通系统行车岗位所需的理论知识和实践技能为主，对城市轨道交通行车组织相关知识进行了阐述。本书主要内容包括城市轨道交通行车组织基础、列车运输计划及运行图、行车调度指挥工作、车站及车辆段行车作业、施工作业及工程车开行和非正常情况下行车组织，共6个项目14个任务。本书配套了数字教学资源，还配有用于技能提升的任务工单，内容理论结合实际，利于学生真正掌握相关知识内容。

本书教学配套资源丰富，配有免费的电子课件、电子教案、工作页、相关动画视频和习题答案。另外，书中植入了二维码，用手机扫一扫便可观看相关视频与动画。凡选用本书作为授课教材的教师，均可登录 www.cmpedu.com 以教师身份注册、免费下载配套资源，也可拨打电话010-88379201 或者加 QQ 1006310850 咨询索取。

图书在版编目（CIP）数据

城市轨道交通行车组织/胡兴丽，龙讯，刘奇主编. —北京：机械工业出版社，2023.6

职业教育城市轨道交通理实一体化系列教材

ISBN 978-7-111-73126-9

Ⅰ.①城…　Ⅱ.①胡…　②龙…　③刘…　Ⅲ.①城市铁路–行车组织–高等职业教育–教材　Ⅳ.①U239.5

中国国家版本馆 CIP 数据核字（2023）第 079153 号

机械工业出版社（北京市百万庄大街 22 号　邮政编码 100037）

策划编辑：于志伟　　　　　　　责任编辑：于志伟
责任校对：韩佳欣　葛晓慧　　　封面设计：张　静
责任印制：刘　媛

北京中科印刷有限公司印刷

2023 年 7 月第 1 版第 1 次印刷

184mm×260mm · 13.75 印张 · 344 千字

标准书号：ISBN 978-7-111-73126-9

定价：55.00 元

电话服务　　　　　　　　　　　网络服务

客服电话：010-88361066　　　机　工　官　网：www.cmpbook.com
　　　　　010-88379833　　　机　工　官　博：weibo.com/cmp1952
　　　　　010-68326294　　　金　书　网：www.golden-book.com
封底无防伪标均为盗版　　机工教育服务网：www.cmpedu.com

前　言

随着城市轨道交通发展步伐的加快，对相关人才的需求日益增大，相关企业亟需掌握理论知识和实践技能的高素质技能型人才。本书依据项目引领、任务驱动的职业教育理念，以城市轨道交通行车组织典型工作任务为中心，基于站务员、行车值班员、行车调度员、车场调度员及列车司机等岗位的职业能力提炼而成。本书有以下特色：

1. 推进教材"课程思政"改革

在教学内容和工作任务中有机融入城市轨道交通行车岗位职业精神、安全意识、职业道德等"课程思政"元素，使学生增强职业自信、塑造工匠精神，形成良好的遵纪守法意识。

2. 校企双元开发，内容对接职业标准

本书是职业院校与重庆轨道交通集团有限公司合作编写，通过行车岗位职业能力分析，确定以站务员、行车值班员、行车调度员、车场调度员及列车司机等职业岗位标准为目标构建基于典型工作过程的教材内容体系，与现场真实工作任务无缝衔接，让学生在理论学习中掌握实际岗位所需知识和技能，缩短与现场岗位的差距。

3. 推动线上线下混合式教学

遵循"以职业能力为基础、以学生为中心"的课程资源开发理念，为读者提供丰富素材和多样学习模式，形成丰富的数字化资源，让学生真正掌握相关知识内容，落实职业能力与职业素养培养目标。

4. 完善课程评价机制

课程评价采用过程性评价和结果性评价相结合的方式，理论与实践相结合，职业能力与职业素养相结合，笔试与操作相结合，开卷与闭卷相结合，学生之间自评、互评相结合，全面考核学生所学内容，综合评价学生职业技能和职业能力。

本书由重庆公共运输职业学院胡兴丽、龙讯和西安铁路职业技术学院刘奇担任主编；重庆公共运输职业学院蒋镇航、于亚峰，重庆江跳线轨道交通运营有限公司曹立明担任副主编；重庆公共运输职业学院徐敏、程翠、穆云江、罗洪强，四川交通职业技术学院张兴华，重庆工程职业技术学院刘杰，重庆交通技师学院汪亮，重庆工贸技师学院黄艳清，重庆市聚英技工学校周桃芳参与相关编写工作；重庆轨道集团有限公司李金明担任主审，对全书进行审阅。

本书在编写过程中，参考和引用了部分城市轨道交通企业的运营资料及相关文献，在此向相关作者表示衷心的感谢。

鉴于编者水平及实践经验的局限性，对各种问题的分析和处理不免有偏颇和不足之处，敬请读者批评指正。

编　者

二维码清单

名称	图形	名称	图形
ATC		人工调整列车运行	
全日行车计划		列车运行图的分类	
列车运行图的基本要素		列车驾驶模式	
司机整备作业		施工作业组织	
施工安全管理		有电调车作业程序	
正常情况下的行车组织工作		线路	
自然灾害和人为因素		行车信号基础设备	
行车标志		行车闭塞法概念与分类	

（续）

名称	图形	名称	图形
设备故障		车站概述	
车辆段概述		道岔	
非正常情况下的行车应急预案			

目　录

前言

二维码清单

项目一　城市轨道交通行车组织基础 ………………………………………… 1

　　　任务一　城市轨道交通行车设备认知 ……………………………… 3
　　　任务二　城市轨道交通行车组织机构认知 ………………………… 27

项目二　列车运输计划及运行图 ………………………………………………… 31

　　　任务一　列车开行计划制订 ………………………………………… 32
　　　任务二　列车运行图编制 …………………………………………… 43

项目三　行车调度指挥工作 ……………………………………………………… 58

　　　任务一　行车调度指挥 ……………………………………………… 59
　　　任务二　调度统计与分析 …………………………………………… 72

项目四　车站及车辆段行车作业 ………………………………………………… 76

　　　任务一　车站行车作业 ……………………………………………… 77
　　　任务二　车辆段行车作业 …………………………………………… 86
　　　任务三　乘务作业 …………………………………………………… 96

项目五　施工作业及工程车开行 ……………………………………………… 104

　　　任务一　施工作业 ………………………………………………… 105
　　　任务二　工程车开行 ……………………………………………… 117

项目六　非正常情况下行车组织 ……………………………………………… 126

　　　任务一　设备故障的行车组织 …………………………………… 127
　　　任务二　突发事件的行车组织 …………………………………… 140
　　　任务三　特殊情况下的行车组织 ………………………………… 150

参考文献 ………………………………………………………………………… 158

城市轨道交通行车组织任务工单

项目一

城市轨道交通行车组织基础

【情景导入】

【情景1】 2017年1月9日，上海地铁浦江线首列列车运抵浦江镇，这辆列车采用先进的无人驾驶技术，于2018年3月31日开通试运营。2017年12月底，北京地铁燕房线正式运营，它也是当时北京最智能的地铁，采用无人驾驶技术，而且是我国内地首条拥有完全自主知识产权、全自动运行的地铁线。2021年1月23日，上海地铁15号线正式运营，它是当时国内全自动运行等级最高和国内一次性开通里程最长的全地下轨道交通线路。

全自动无人驾驶系统指的是完全没有司机和乘务人员参与，车辆在控制中心的统一控制下实现全自动运营，自动实现列车休眠、唤醒、准备、自检、自动运行、停车和开关车门以及在故障情况下实现自动恢复等功能，包括洗车也能在无人操作的情况下完成。

【情景2】 2021年12月28日，我国首个城市轨道交通三线互联互通上线，即重庆轨道交通环线、4号线、5号线，三线实现互联互通，如图1-1所示。经过多年的自主研发与艰苦攻关，重庆轨道集团搭建了国内首个互联互通CBTC系统（基于无线通信的列车自动控制系统）测试验证平台，形成了互联互通CBTC系统的行业标准体系，打破了各厂家之间阻碍技术发展和降低用户体验的壁垒，并于2020年9月在全国率先上线了跨越环线、4号线运行的互联互通直快车，为城市轨道交通、市域（郊）铁路、城际铁路和干线铁路的"四网融合"奠定了技术基础。

本项目主要介绍城市轨道交通行车基础设备、城市轨道交通行车组织机构，认识轨道交通线路、限界信号和全自动运行系统行车组织等行车内容，掌握行车调度员主要岗位职责。

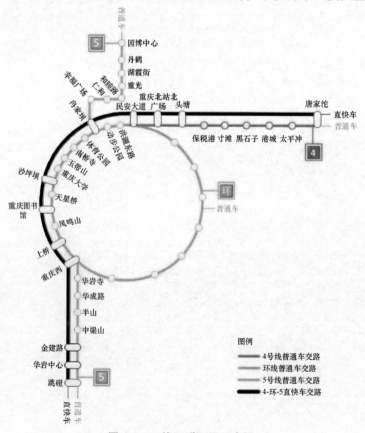

图1-1 三线互联互通示意图

任务一　城市轨道交通行车设备认知

**【任务描述】**

　　城市轨道交通是一个大的联动机，因为它是集行车、车辆、机电、通信、信号和工务等工种、技术一体化运转的系统，系统中的任一环节出现问题都可能给整个系统的正常运转带来严重的后果，而整个系统的正常运转则集中体现在列车的运行组织工作，它是保证将乘客由出发站安全、准时、快捷地运送至目的地站的关键。本任务将认识城市轨道交通行车基础设备，为学习行车组织知识奠定理论基础。

【学习目标】

知识目标	技能目标	素养目标
1. 了解城市轨道交通行车线路与限界； 2. 掌握车站及车辆段知识内容； 3. 熟悉车辆及列车知识内容； 4. 掌握行车信号与通信相关内容； 5. 了解全自动运行系统行车组织内容。	1. 能够描述不同线路的种类及用途； 2. 能够识别道岔的定、反位； 3. 能够描述不同类型的车站及车辆段主要线路分布情况； 4. 能够区别车辆与列车； 5. 能够区别不同行车闭塞方法。	1. 对轨道交通设备技术变革有一定的认识，激发学生爱国情怀； 2. 让学生认识到行车基础设备及系统在城市轨道交通行车安全中的重要性，树立牢固的安全生产意识。

【知识准备】

一、线路与限界

1. 线路

　　线路按其在运营中所起的作用分为正线、辅助线（折返线、渡线、联络线和存车线等）和车场线。

　　（1）正线　正线是指供载客列车运行的线路，贯穿所有车站和区间。城市轨道交通正线是独立运行的线路，一般按双线设计，采用右侧行车制；大多数线路为全封闭，与其他交通线路相交处，一般采用立体交叉。正线实景如图1-2所示。

　　（2）辅助线　辅助线是为保证正线正常运营、合理调度列车而配置的线路，其最高运行速度一般限制在35km/h。辅助线包括折返线、渡线、联络线和存车线等。

　　1）折返线。为供运营列车往返运行时掉头、转线及夜间存车而设置的线路，有单折返线和双折返线，如图1-3所示。

　　2）渡线。渡线是用道岔将上下行线及折返线连接起来的线路，又分为单渡线和交叉渡线，如图1-4所示。

图 1-2　正线实景图

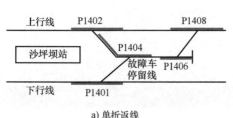
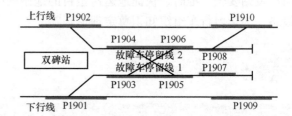

a) 单折返线　　　　　　　　　　　　　　b) 双折返线

图 1-3　折返线示意图

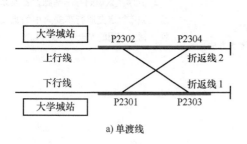
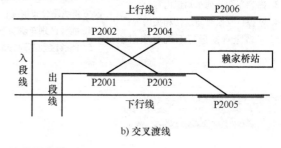

a) 单渡线　　　　　　　　　　　　　　b) 交叉渡线

图 1-4　渡线示意图

3）联络线。在城市轨道交通网络中，同种制式的线路实现列车过轨运行，一般通过线与线之间的联络线实现。

4）存车线。为了故障列车能尽快退出正线运营，每隔3~5个车站应设置存车线，供故障列车临时存放或检修。

（3）车场线　车场线主要是指车辆段内的线路，进行车场场区作业、停放列车的线路，包括检修线、试车线、洗车线和牵出线等。

2. 限界

限界是为了确保机车车辆在线路上运行的安全，防止机车车辆撞击临近的建筑物或其他设备而规定的限定车辆运行及轨道周围建筑物不允许超越的轮廓尺寸线。限界是工程建设、设备和管线安装等必须遵守的依据。限界一般分为建筑限界、设备限界和车辆限界，如图1-5所示。其中，接触网和接触轨限界属于设备限界的辅助限界。

建筑物在任何情况下不得侵入轨道交通建筑限界，设备在任何情况下不得侵入轨道交通

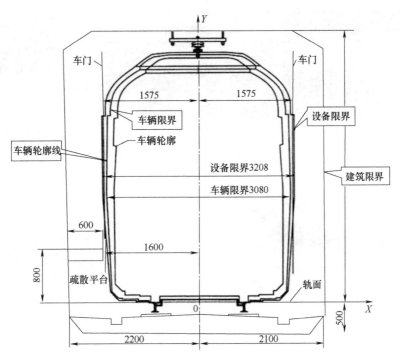

图 1-5　限界示意图（尺寸单位：mm）

设备限界，机车车辆无论空、重状态均不得超出车辆限界。

二、车站与车辆段

1. 车站

（1）车站的主要作用

1）车站是线路上供列车到发、通过的分界点，某些车站还具有折返、停车检修和临时待避等功能。

2）车站是客流集散的场所，是乘客出行乘坐列车的始发、终到及换乘地点。

3）车站是运营企业与服务对象的主要联系环节。

4）车站是城市轨道交通系统中各工种协同合作的生产基地。

（2）车站主要作业　车站的运输生产活动主要由行车作业和客运作业两部分组成。

车站行车作业包括接发列车作业和列车折返作业等；车站客运作业包括售检票、组织乘客乘降和换乘作业等。

（3）车站分类　按照不同标准，车站可分为以下几种。

1）按照修建方式分。车站按照修建方式可分为地上车站、地下车站和地面车站（高架车站）三类，如图 1-6 所示。

2）按照站台种类分。车站按照站台种类可分为岛式站台（图 1-7）、侧式站台（图 1-8）以及岛侧混合式站台。

3）按照运营功能分。车站按照运营功能可分为终点站、中间站、折返站和换乘站。

折返站是终点站与中间站中设有折返设备的车站。可供长交路、短交路列车进行折返作业的车站，如图 1-9 所示。

a) 地上高架车站

b) 地下车站

c) 地面车站

图 1-6　按照修建方式分类的车站

a) 实物图

b) 示意图

图 1-7　岛式站台

a) 实物图

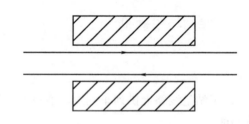

b) 示意图

图 1-8　侧式站台

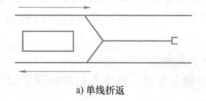

a) 单线折返

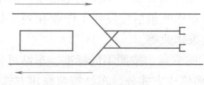

b) 双线折返

图 1-9　折返站

4）按照是否具有站控功能分。车站按照是否具有站控功能分为集中站和非集中站。

集中站是指具有站控功能的车站，集中站具有监控列车运行、办理闭塞和扣车、催发列车等列车运行调整功能。因此，集中站一般设有道岔。非集中站是指不具备站控功能的车站，不设置道岔，并且只进行接发车作业。

知识拓展

重庆轨道交通发展

重庆轨道交通（Chongqing Rail Transit，简称 CRT）是指服务于中国重庆主城都市区境内的城市轨道交通。其第一条线路于 2004 年 11 月 6 日开通观光运营，于 2005 年 6 月 18 日正式开通运营，是中国西部地区第一条城市轨道交通线路。

截至 2023 年 2 月，重庆轨道交通已开通 1、2、3、4、5、6、9、10 号线、环线、国博线、江跳线，共 11 条线路，运营里程 501km。其中，1、4、5、6、9、10 号线、环线、国博线为地铁系统，2、3 号线为单轨系统（跨座式单轨），江跳线为市域（郊）铁路。

截至 2023 年 2 月，重庆轨道交通在建线路包括 4 号线西延伸段、5 号线一期中段、6 号线东延伸段、10 号线二期后堡站至兰花路站段、15 号线一期及二期、18 号线一期及北延伸段、24 号线一期、27 号线、市郊铁路江跳线过江段、市域快线璧铜线。

重庆轨道交通 2 号线是中国第一条跨座式单轨，也是我国西部地区第一条城市轨道交通线路，因其列车在李子坝站（图 1-10）穿楼而过闻名全国。

图 1-10　李子坝站

2. 车辆段

（1）车辆段简述　按照《地铁设计规范》（GB 50157—2013）的规定，车辆基地是指地铁系统的车辆停修和后勤保障基地，通常包括车辆段（停车场）、综合维修中心、物资总库和培训中心等部分，还包括相关的生活设施。

1）车辆段是停放车辆以及承担车辆的运营管理、整备保养、检查工作和承担定修或架修车辆检修任务的基本生产单位（图 1-11）。

停车场是指停放配属车辆以及承担车辆的运营管理、整备保养、检查工作的基本生产单位。停车场主要是承担列车停放和日常简单检修的功能，而车辆段承担的功能比停车场要复杂和完善得多。

2）综合维修中心是为满足全线线路、路基、轨道、桥梁、涵洞、隧道、房屋建筑和道路等设施的维修、保养以及供电、通信、信号、机电设备和自动化设备的维修和检修工作的需要而设立的维修基地，通常设立于车辆基地内。

图 1-11　车辆段

3）物资总库是为承担地铁系统材料、配件、设备和机具及劳保用品等采购、存放、发放任务和管理工作而设立的物资管理单位，通常设立在车辆基地内。

4）培训中心是负责组织和管理职工的技术教育和培训工作而设立的培训单位。通常设于车辆基地内，便于利用车辆基地的既有设备和生活设施开展培训教育。

综上所述，车辆基地的内涵远远大于车辆段或车场，但在我们日常生活和工作中通常用车辆段或车场的称呼代替了车辆基地。本书为了方便学习和理解，我们亦采用车辆段的称呼代替车辆基地的内涵。

（2）车辆段线路配置　车场线是车辆段、停车场内线路的统称，包括出入段线、停车线、列检线、镟轮线、检修线、洗车线、牵出线、试车线、静调线、调机及工程车库线和联络线等。车辆段线路配置如图 1-12 所示。

1）停车线。用于停放列车的线路。

2）列检线。用于车辆日常检查的线路，设有检查坑。

3）镟轮线。在轮对磨耗不符合使用要求时，可对轮对踏面进行镟修的线路。

4）检修线。用于车辆定期检修的线路，包括定修线、架修线和临修线等。

5）洗车线。用于车辆清洗作业的线路，一般安装自动洗车机。

6）牵出线。用于车辆段内调车作业的线路，根据车库的位置，牵出线通常设置 1～2 条。

7）试车线。用于车辆定修、架修后动态调试的线路，试车线一般设在段内靠近检修库一侧。

8）静调线。用于新车停放及静态调试的线路。

9）调机及工程车库线。用于停放调车作业或救援列车的调机和其他工程车辆的线路，一般设置在咽喉区附近。

10）联络线。与铁路接轨的线路，用于车辆、设备等的调运。

连接正线与车场的出入段线属于配线范围。

三、车辆与列车

1. 车辆

车辆作为城市公共交通的运载工具，不仅要保证运送旅客安全、准点和快速，还要为旅客提供舒适便利的乘车环境。同时，车辆还在一定程度上作为城市的门面，对城市景观具有一定的影响，因此还应考虑车辆对城市景观与环境的影响。

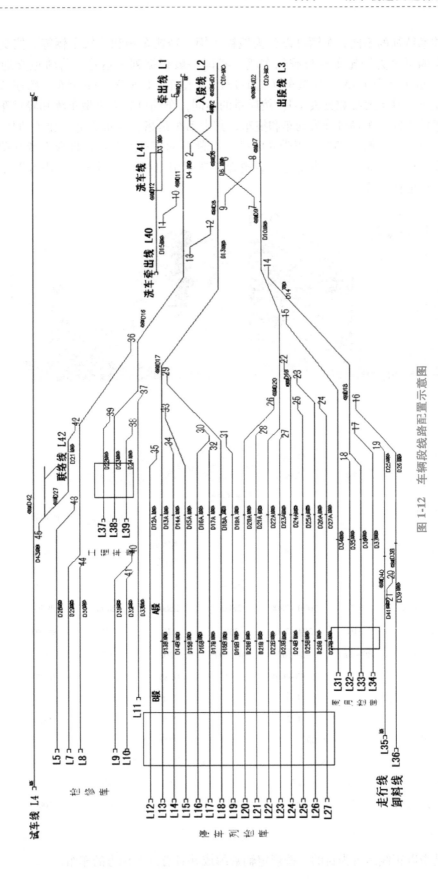

图 1-12　车辆段段线路配置示意图

根据技术特征的不同，车辆可以分为地铁车辆、轻轨车辆和单轨车辆等。按支承导向方式不同，车辆可分为钢轮车辆与胶轮车辆。我国一般根据列车运量，将轨道交通车辆分为 A 型车、As 型车（图 1-13）、B 型车（图 1-13）、C 型车、D 型车、Lb 型车、跨座式单轨车及悬挂式单轨车，其主要参数见表 1-1。按质量的不同，车辆可分为重型车辆和轻型车辆。按牵引动力配置的不同，车辆可分为动车和拖车，其中动车是指自身带有电机和传动装置的车辆，又分为带受电弓（电靴）动车与不带受电弓（电靴）动车；拖车是指自身不带有动力装置的车辆，可设司机室，同时也可带受电弓或电靴。按牵引电机种类不同，车辆可以分为旋转电机车辆与直线电机车辆。

图 1-13　As 型车及 B 型车

表 1-1　城市轨道交通车辆主要参数表（不含自动导轨交通车辆）

项目名称	A 型车	As 型车	B 型车	C 型车	Lb 型车	跨座式单轨车	悬挂式单轨车
车辆驱动特征	钢轮钢轨					胶轮跨座单轨	胶轮悬挂单轨
	旋转电机				直线电机		
车轴数	4 轴			4/6/8 轴铰接车		4 轴	
轴重/t	≤16	≤14	≤14	≤11	≤13	≤11	≤9.5
车辆基本宽度/mm	3000	3000~2800	2800	2600	2800	2980	2660/2510
车辆定员/人	310	254~266	230	210	230	≤180	≤157
列车最高速度/(km/h)	80~120	80~100	80~100	70	90	80	80
启动加速度/(m/s²)	0.83~1.0			0.85	0.95~1.0	0.97	0.97
常用制动减速度/(m/s²)	1.0			1.1	≥1.0	1.1	0.97
紧急制动减速度/(m/s²)	1.2			1.5	≥1.0	125	1.25
电网电压/V	DC 1500			DC 1500/750		DC 1500	
供电方式	接触网			接触网或第三轨供电		第三轨供电	
正线最小曲线半径/m	300	250	250	100	80	30	30
最大爬坡能力（%）	35	50	35	60	60	100	100

2. 列车

列车是指以正线运行为目的，按规定辆数编成并具有列车标志的车组。

（1）**列车编组**　城市轨道交通车辆中，动车和拖车通过车钩连接而成的一个相对固定的编组称为一个（动力）单元，一列车可以由一个或几个（动力）单元编组而成。目前，我国城市轨道交通车辆列车编组比较普遍的是6辆或4辆编组，还有一些城市的大运量地铁车辆采用8辆编组。6辆编组的主要有"三动三拖"和"四动两拖"，4辆编组主要是"两动两拖"。

下面举例说明列车编组的情况。

1）西安地铁。西安地铁1、2号线列车均采用"三动三拖"的编组形式，其编组表达式为：

$$=Tc * Mp * M * T * Mp * Tc=$$

式中　Tc——有驾驶室的拖车；

Mp——带受电弓的动车，空气压缩机装在Mp车；

M——不带受电弓的动车；

T——不带驾驶室的拖车，空气压缩机装在Mp车。

2）广州地铁。广州地铁1号线列车采用"四动两拖"形式，其编组表达式为：

$$-A * B * C = C * B * A-$$

式中　A——拖车，车端设有驾驶室，车顶上装有受电弓，车底装有一套空气压缩机组；

B、C——均为动车，结构基本相同。

广州地铁2号线与1号线基本相同，只是受电弓装于B车车顶，而空气压缩机组装于C车车底。

（2）**列车标志**　列车应根据其种类及运行的线路和方向，在头部和尾部分别显示不同的列车标志。

1）电客列车标志包括城市地铁徽记、列车两端的标志灯、列车前端的车次号与目的地标志符。

2）工程列车尾部必须挂有标志灯，当工程列车按首尾机车编组时，应使用首端机车驾驶，当首端机车故障而使用尾端机车驾驶时，按推进运行办理。

（3）**列车车次**　为便于计划安排和具体掌握列车运行情况，各类列车均应有固定车次。可以从不同车次号辨别列车的种类、等级和运行方向。列车车次号具有区别列车种类、列车作业性质及列车运行的终到站等重要作用，与行车安全密切相关。表1-2是国内几条城市轨道交通线路列车车次号的使用规定及比较，列车车次号规定的不同与行车调度指挥设备对列车描述的不同有关。

表1-2　列车车次号的使用规定及比较

项目	北京地铁1号线	上海地铁1号线	广州地铁1号线	深圳地铁	重庆地铁1号线
车次号位数	4	5	6	7	8
使用规定	第一位：上下行方向　第二位：列车种类　后两位：列车运行次序	前三位：列车种类与运行号　后两位：列车目的地	前两位：列车目的地码　中间两位：服务号　后两位：序列号，个位偶数为上行，奇数为下行，顺序编号	前三位：列车目的地码　中间两位：服务号　后两位：序列号，个位偶数为上行，奇数为下行，顺序编号	前三位：列车目的地码　中间两位：服务号　后三位：行程编号

💡 **知识拓展**

1. 武汉地铁 1 号线列车车次规定

列车车次由目的地号、班次号和序号组成。

1）目的地号：H 表示黄浦路站、S 表示三阳路站、J 表示江汉路站、Y 表示友谊路站、L 表示利济北路站、C 表示崇仁路站、T 表示太平洋站、Z 表示宗关站、W 表示车场西口、E 表示车场东口。

2）班次号规定如下：

① 图定客车班次号为 001~099；

② 临时加开空回列车班次号为 901~909；

③ 临时加开载客列车班次号为 910~919；

④ 救援车班次号为 920~929；

⑤ 调试列车班次号为 930~939；

⑥ 工程车班次号为 940~949。

3）序号由两位阿拉伯数字组成，上行方向为单数，下行方向为双数。

2. 重庆地铁列车车次规定

1）六号线 ATS 操作台上的车次常用 6 位数字表示，前三位表示目的地号，后三位表示车组号。

2）五号线 ATS 操作台上的车次用 18 位数字表示，前五位表示目的码，中间五位表示车组号，后八位表示车次号（其中前两位表示来源线路号，第三、四位表示目的线路号，第五位表示列车运行方向，1 为下行，2 为上行，后三位表示顺序号）。

3）十号线 ATS 操作台上的车次用 18 位数字表示，前五位表示目的码，中间五位表示车组号，后八位表示车次号（其中前两位表示来源线路号，第三、四位表示目的线路号，第五位表示列车运行方向，1 为下行，2 为上行，后三位表示顺序号）。

（4）列车的分类及等级分类　在运输生产中，根据需要和服务对象，每列列车分别担负不同的运输任务，从而分为不同的种类；根据运输任务的轻重缓急，列车又分为不同的等级。在行车工作中，正常情况下必须依照列车的等级顺序放行列车，调整列车运行秩序。

例如，重庆地铁为适应旅客运输的不同需要，按照运输的性质和用途，列车分类及等级顺序如下：专用列车、客用列车、空驶列车、试验列车、工程列车和救援列车。

在抢险救灾情况下，优先放行救援列车。对于同一等级客运列车，可以根据列车的接续车次和载客人数等情况进行调整。

（5）列车运行方向

1）列车运行方向的规定。地铁正线应采用双线、右侧行车制。南北向线路应以由南向北为上行方向，由北向南为下行方向；东西向线路应以由西向东为上行方向，由东向西为下行方向；环形线路应以在外侧轨道线运行为上行方向，在内侧轨道运行为下行方向。

2）正方向和反方向运行。城市轨道交通列车双线单向运行，即上下行列车分别固定在右侧正线上运行（上行列车走上行线，下行列车走下行线）。列车在双线区段运行时，以右侧单方向运行，称为双线正方向运行；反之为反方向运行。

3）反方向运行规定。列车在双线反方向运行时，在安全和效率方面存在诸多不利因素。但在特殊情况下，必须组织列车反方向运行时应按规定程序进行审批：专运列车反方向运行必须得到总公司主管领导准许，客运列车反方向运行必须得到值班调度主任或调度长准许，通过行车调度员下达调度命令才能够执行。

四、信号与通信系统

1. 信号系统

信号系统是城市轨道交通系统中最重要的系统之一，其作用是指挥行车、保证安全和提高运行效率。城市轨道交通具有高密度、短间隔、短站距、速度快、安全要求高、通过能力大、抗干扰能力强、可靠性高和自动化程度高等特点，以车载信号为主体信号，用计算机系统实现了速度控制、进路选择进路控制等，并向无人驾驶的方向发展。信号系统从设备上讲主要是信号、联锁和闭塞等设备的总称。

（1）信号机　信号机用于指挥行车，保证列车的行车安全，列车必须绝对执行信号机显示的命令。城市轨道交通的信号机采用色灯信号机。

1）信号机命名。正线下行、上行防护、阻拦信号机等信号机冠以"X""S""F""Z"等字母；其下缀编号方法为：下行方向为单号，上行方向为双号，从站外向站内顺序编号。车辆段进段冠以"JD"；其下缀编号方法为：下行方向为单号，上行方向为双号，从段外向段内顺序编号。调车信号机冠以"D"；其下缀编号方法为：下行为单号，上行为双号，从段内向段外顺序编号。

2）信号显示的颜色。信号显示的基本颜色为红、黄、绿三种，再辅以蓝、月白，构成信号的基本显示系统。因为人眼对红光最敏感，所以以红色灯光作为停车信号。黄色显示距离远，且具有较强的分辨力，故采用黄灯为警惕信号。绿色和红色的反差较大，容易分辨，所有用绿色作为允许信号。调车的禁止信号选用蓝色灯光，而允许信号采用月白色灯光。

3）各种功能的信号机：

① 进站信号机：禁止或允许列车进入站台，设于车站入口。

② 出站信号机：禁止或允许列车从车站发车，设于列车运行方向出口。

③ 防护信号机：防护列车发生侧向冲突，设于同区间平面交叉地点前方。

④ 阻拦信号：阻挡列车行进，不能超越规定地点。

⑤ 调车信号：禁业或允许列车进入调车进路。

⑥ 引导信号：当主体信号因故障显示红灯，通过人工办理点亮其下方红黄色灯光，准许列车不超过25km/h的速度继续行进，随时准备停车，信号机示意图如图1-14所示。

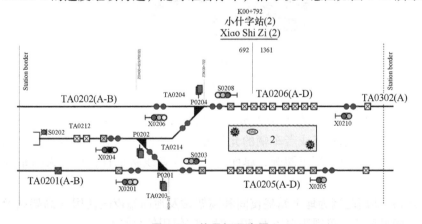

图1-14　信号机示意图

（2）线路标志和信号标志

1）线路标志是用来表示线路及设备状态和位置的各种标志。城市轨道交通线路设置的线路标志有以下几种：公里标、半公里标、曲线标、圆曲线与缓和曲线标、坡度标等，各线路标志如图 1-15 所示。

a) 公里标　　　　　　　b) 圆曲线与缓和曲线标　　　　　　c) 坡度标

图 1-15　各线路标志示意图

2）信号标志是对列车操作人员或其他行车人员起指导或提示作用的标志。城市轨道交通线路设置的信号标志有以下几种：警冲标、预告标、鸣笛标、站界标、限速标等，各信号标志如图 1-16 所示。

a) 站界标　　　　　　　b) 预告标　　　　　　　c) 鸣笛标

d) 警冲标

图 1-16　各信号标志示意图

（3）手信号　手信号是行车有关人员手持信号旗、信号灯或者直接用徒手显示的信号，用来表达相关含义，指示列车或者车辆的允许和禁止条件，手信号显示动作应规范准确。手信号显示原则为横平竖直、灯正圈圆、旗面与列车或者线路垂直，显示人的站位与线路或列车平行或垂直。

1）信号灯：适用范围为地下站昼夜间和高架站及地面站夜间使用（高架站及地面站昼间因天气不良，能见度差，可视距离不及 50m 时，应使用信号灯）。

2）信号旗：适用范围为高架站及地面站昼间使用，握旗方式为左红右绿。

常用手信号类别及显示方式见表1-3和表1-4。

表1-3　接发列车常用的手信号类别及显示方式

序号	手信号类别	显示方式	
		昼间	夜间
1	停车信号：要求列车停车	展开的红色信号旗，无红色信号旗时，两臂高举头上，向两侧急剧摇动	红色灯光，无红色灯光时，用白色灯光上、下急剧摇动
2	紧急停车信号：要求司机紧急停车	展开红色信号旗下压数次，无信号旗时，两臂高举头上，向两侧急剧摇动	红色灯光下压数次，无红色灯光时，用白色灯光上、下急剧摇动
3	减速信号：要求列车降低速度运行	展开黄色信号旗，无黄色信号旗时，用绿色信号旗下压数次	黄色灯光，无黄色灯光时，用白色或绿色灯光下压数次
4	引导信号：准许列车进入车站或车场	展开黄色信号旗高举头上左右摇动	黄色灯光高举头上左右摇动
5	通过信号：准许列车由车站通过	展开绿色信号旗	绿色灯光
6	发车信号：要求司机发车	展开的绿色信号旗上弧线向列车方向作圆形转动	绿色灯光上弧线向列车方向作圆形转动
7	道岔开通信号：表示进路准备妥当	陇起的黄色信号旗高举头上左右摇动	白色灯光高举头上
8	好了信号：车站相关作业已完成	陇起的信号旗上弧线向列车方向作圆形转动	白色灯光上弧线向列车方向作圆形转动

表1-4　调车常用的手信号类别及显示方式

序号	手信号类别	显示方式	
		昼间	夜间
1	停车信号	展开红色信号旗，无红色信号旗时，两臂高举头上，向两侧急剧摇动	红色灯光，无红色灯光时，用白色灯光上、下急剧摇动
2	减速信号	展开绿色信号旗下压数次	绿色灯光下压数次
3	指示列车向显示人方向来	展开绿色信号旗在下方左右摆动	绿色灯光在下方左右摆动
4	指示列车向显示人相反方向去	展开绿色信号旗上、下摇动	绿色灯光上、下摇动
5	指示列车向显示人方向稍行移动	左手陇起红色信号旗直立平举，右手展开绿色信号旗在下方左右小摆动	绿色灯光下压数次后，再左右小动
6	指示列车向显示人相反方向稍行移动	左手陇起红色信号旗直立平举，右手展开绿色信号旗上、下小动	绿色灯光上、下小动，在下部稍停

（续）

序号	手信号类别	显示方式	
		昼间	夜间
7	三、二、一车距离信号：表示推进车辆的前端距被连挂车辆的距离	右手展开绿色信号旗下压三、二、一次，分别表示距停留车三车（约60m）、二车（约40m）、一车（20m）	绿色灯光下压三、二、一次
8	连挂作业	两臂高举头上，陇起的手信号旗杆呈水平末端相连	红、绿灯管交互显示数次
9	停留车位置信号：表示车辆停留地点	站立于需要挂车的车旁即可，无须显示	白色灯光左右小摆动

（4）道岔

1）道岔的组成。道岔是城市轨道交通中使列车由一条线路转入另一条线路的连接设备。道岔在城市轨道交通车站、车辆段中都十分常见。由于道岔具有数量多、构造复杂、使用寿命短、限制列车速度、行车安全性低和养护维修投入大等特点，因此与曲线、接头并称为轨道的三大薄弱环节。道岔有单开道岔、双开道岔、交叉渡线和复式交分道岔等类型。其中，单开道岔是最常见的。

单开道岔主要由三部分构成：转辙器部分、连接导轨部分、辙叉及护轨部分，如图1-17所示。

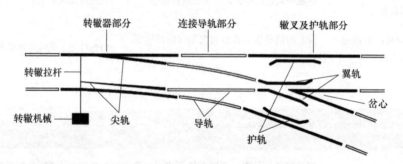

图1-17 单开道岔的组成

道岔号数以辙叉号数 $N(N=\cot\alpha)$ 表示，辙叉角 α 越小，辙叉号数 N 越大，列车通过道岔速度尤其是侧向通过道岔速度也越高。轨道交通正线和辅助线一般采用9号道岔，车辆段线路一般采用7号道岔。几种常用单开道岔基本情况见表1-5。

表1-5 常用单开道岔基本情况表

钢轨类型	道岔号数	辙叉角	导曲线半径/m	辙叉全长/m	道岔全长/m
P50	7号	8°07′48″	150	3.441	23.627
P60	9号	6°20′25″	180	4.309	29.569
	12号	4°45′49″	350	5.992	37.800

2）道岔开通方向的判断。道岔经常向某一方向开通的位置，称为定位，反之称为反位，如图 1-18 所示。

图 1-18　道岔开通定位和反位

道岔左位是指站在线路上面向尖轨，道岔开通左侧股时的位置；道岔右位是指站在线路上面向尖轨，道岔开通右侧股时的位置，如图 1-19 所示。

图 1-19　道岔左位和右位

3）道岔的使用。正常使用下，道岔采用遥控操作、电气锁闭。在故障情况下，道岔采用现地手摇、人工锁闭。一般来说，道岔的操作由行车值班员或值班站长负责。手摇道岔过程应严格遵循工作标准。

（5）联锁设备

1）联锁。联锁是指车站内信号机、道岔、轨道电路（进路）三者必须建立的一种制约关系，这种制约关系称为联锁关系，实现联锁关系的设备称为联锁设备。其中，轨道电路（进路）是指列车运行的路径，道岔开通的位置决定了列车运行的进路，信号机则起防护列车运行进路的作用。

联锁设备是为保证行车安全而设置的设备，控制命令必须经联锁设备进行逻辑运算，确认符合安全要求时，才允许控制命令实施执行。为了进行逻辑运算，现场设备的状态必须反映到联锁设备中来，即联锁设备要根据控制命令和现场设备的状态来进行是否符合安全要求的逻辑运算。

2）进路。在车站范围及区间线路上，列车由某一指定地点运行到另一指定地点所经过的路径称为进路。车站内及区间线路上有许多线路，按各道岔的不同开通方向可以构成不同的进路。

① 列车进路：列车在车站或区间线路上到达、出发、通过的作业进路。

② 调车进路：列车调车作业通过的路径。

③ 敌对进路：两条或两条以上的进路，有部分交叉或重叠，有可能产生冲突的进路。

3）联锁关系的基本条件。

① 进路不对、进路上的有关道岔开通位置不对或敌对信号机没有关闭，有关信号机就不能开放。

② 进路上的信号机一旦开放，显示允许信号，进路就被锁闭，进路上所有有关道岔都不能被扳动，敌对信号机也不能开放。

③ 当进路上有停留的列车（车辆）时，被列车占用的进路就无法排列，包括不能扳动道岔和开放防护信号机的允许信号。

（6）行车闭塞　为了确保列车运行安全，列车由一个车站向另一个车站发车时，必须遵循一定的规律组织行车，以免发生列车正面冲突或追尾等事故。这种为确保列车在站与站之间运行安全，在组织列车运行时，通过设备或人工控制，使连续发出列车保持一定间隔距离安全行车的办法，称为行车闭塞法，简称闭塞。

1）行车组织的基本方法。为了保证列车安全运行，就得设法把两列车分开。采用的间隔法有两种形式：一种是空间间隔法，一种是时间间隔法。在正常情况下，一般采用空间间隔法。

① 空间间隔法：在轨道交通正线上每隔一段距离设立一个车站，在同一时间里，车站和车站之间的空间内只准许一辆列车运行或者多辆列车保持一定距离运行的办法。

② 时间间隔法：用规定的时间将同方向运行的列车彼此间隔开运行，以达到列车之间的空间间隔。由于时间间隔法没有设备上的控制和保障，故容易发生人为的行车事故，安全性较差。

2）闭塞的分类。闭塞就是用信号或凭证来保证列车按照空间间隔法运行的技术方法。空间间隔法就是前行列车和追踪列车之间必须保持一定距离的行车方法。从各种不同的角度闭塞，可以有不同的分类，主要有以下行车闭塞法。

① 固定闭塞：固定闭塞将轨道划分为固定的闭塞分区，闭塞分区是用轨道电路或计轴装置来划分的，它具有列车定位和占用轨道的检查功能。不论前车还是后车都是用轨道电路来监测的，所以系统只知道轨道车辆在哪个区段，并不知道轨道车辆的具体位置，轨道车辆的控制采用分级速度控制模式。固定闭塞的追踪目标点为前行列车所占用闭塞分区的始端，后行列车从最高速开始制动的计算点为要求开始减速的闭塞分区的始端，这两个点都是固定的，空间间隔的长度也是固定的，所以称为固定闭塞。

② 准移动闭塞：准移动闭塞是介于固定闭塞和移动闭塞之间的一种闭塞方式。准移动闭塞方式的列控系统采取目标距离控制模式（又称连续式一次速度控制）。目标距离控制模式根据目标距离、目标速度及列车本身的性能确定列车制动曲线，不设定每个闭塞分区速度等级，采用一次制动方式。准移动闭塞的追踪目标点是前行列车所占用闭塞分区的始端，当然会留有一定的安全距离，而后行列车从最高速开始制动的计算点是根据目标距离、目标速度及列车本身的性能计算决定的。目标点相对固定，在同一闭塞分区内不依前行列车的走行而变化，

而制动的起始点是随线路参数和列车本身性能不同而变化的。空间间隔的长度是不固定的，由于要与移动闭塞相区别，所以称为准移动闭塞。

③ 移动闭塞：移动闭塞是一种新型的闭塞制式，该闭塞方式已经被广泛采用，它不设固定闭塞区段，前、后两列车都采用移动式的定位方式。移动闭塞可解释为"列车安全追踪间隔距离不预先设定，而随列车的移动不断移动并变化的闭塞方式"。在城市轨道交通中，移动闭塞是一种采用先进的通信、计算机、控制技术相结合的列车控制技术，所以国际上有习惯称为基于通信的列车控制系统 CBTC（Communication Based Train Control）。

移动闭塞的追踪目标点是前行列车的尾部，加之一定的安全距离，后行列车从最高速开始制动的计算点是根据目标距离、目标速度及列车本身的性能计算决定的。空间间隔的长度是不固定的，所以称为移动闭塞。在移动闭塞技术中，闭塞分区仅仅是保证列车安全运行的逻辑间隔，与实际线路并无物理上的对应关系。因此，移动闭塞在设计和实现上与固定闭塞有较大的区别，其中列车定位（Train Position）、安全距离（Safety Distance）和目标点（Target Point）是移动闭塞技术中最重要的 3 个概念，可以称之为移动闭塞的三个基本要素。

④ 电话闭塞：电话闭塞是一种最终的备用闭塞。使用电话闭塞法时，须由车站值班员亲自办理闭塞，列车按站间间隔行车。电话闭塞是当基本闭塞设备不能使用时，由区间两端站的车站值班员利用站间行车电话以发出电话记录号码的方式办理闭塞的一种方法。电话闭塞不论单线或双线，均按站间区间办理。由于没有信号设备的控制，全凭制度加以约束，办理闭塞手续时必须严格。

为保证同一区间、同一线路在同一时间内不误用两种闭塞法，在停用基本闭塞改用电话闭塞或恢复基本闭塞时，均须行车调度员下达调度命令后方准采用，行车凭证为路票，如图 1-20 所示。

图 1-20 路票

💡 知识拓展

重庆电话闭塞解除法使用规定

使用电话闭塞解除法时，须由车站值班员亲自办理闭塞，列车按站间间隔行车。

1. 使用电话闭塞解除法发出的首次列车，发车站值班员须根据行车调度员改用电话闭塞解除法行车的调度命令、确认本站发车进路准备正确且前方区间空闲后，方能向前方站请求闭塞。

接车站值班员须确认后方区间空闲、前次列车全列出站、站台区域空闲和接车进路准备妥当后，方能承认后方站的闭塞，给出电话记录号码。

发车站值班员须得到接车站值班员承认闭塞的电话记录号码，方能填写路票交付司机。

司机确认车站交付的路票正确后，即可关闭安全门（屏蔽门）、车门自行发车（车站不显示发车手信号）。

2. 首次列车以后，按电话闭塞解除法发出的各次列车，接车站值班员须确认后方区间空闲、前次列车全列出站、站台区域空闲且接车进路准备妥当后，方能向后方站报告"前次列车发车时间"，即是接车站对下一次列车闭塞的承认（不再给电话记录号码）。

发车站值班员得到接车站"前次列车发车时间"的报告，方能填写路票（不再填写电话记录号码）交付司机。

司机确认车站交付的路票正确后，即可关闭安全门（屏蔽门）和车门自行发车。

使用电话闭塞解除法发出的各次列车，司机在始发站须与行车调度员核对发车时间。

（7）列车运行自动控制系统（ATC）　列车运行自动控制系统（简称 ATC 系统）是列车自动运行全过程的控制系统，包括列车自动防护（ATP）、列车自动驾驶（ATO）及列车自动监控（ATS）三个子系统。

列车运行自动控制系统可按以下两种方式划分。

1）按设备安装位置划分：

① 轨旁设备：包括线路上信号设备及室内信号设备，如车站联锁轨旁设备等。

② 车载设备：指安装在车上的信号设备，如车载 ATP、车载 ATO 等。

③ 控制中心设备：指安装在控制中心的 ATS 设备，如调度员终端、服务器等。

2）按设备功能划分：

① 列车自动防护子系统（Automatic Train Protection，简称 ATP）：是保证行车安全、防止列车进入前方列车占用区段和防止超速运行的设备，实现列车运行安全间隔防护和超速防护，是列车安全运行的保障。ATP 子系统主要功能：安全停车点防护、速度监督与防护、列车间隔控制、测距与测速、车门监控功能、列车运行方向监督、司机人机接口功能、列车自动折返监控功能、列车故障信息和紧急制动记录。

② 列车自动运行系统（Automatic Train Operation，简称 ATO）：主要用来实现"地对车控制"，即用地面信息实现对列车驱动、制动的控制，包括列车自动折返，根据控制中心指令自动完成对列车的起动牵引惰行和制动，送出车门和站台门同步开关信号，使列车按最佳工况正点、安全、平稳地运行。

③ 列车自动监控系统（Automatic Train Supervision，简称 ATS）：主要是对线路上运行的所有列车进行监督和管理，控制列车根据列车运行图完成运营作业，辅助行车调度员对全线列车运行进行管理。列车自动监控系统由控制中心、车站、车辆段以及车载设备组成。

2. 通信系统

通信系统是实现运输集中统一指挥、行车调度自动化、列车运行自动化、提高运输效率的有效手段。通信系统是既能传输语音信号又能传输文字、数据和图像等信息的综合业务数字通信网。

通信系统按其用途可分为传输系统、电话系统（公务电话、调度电话、站间电话、站内和轨旁电话）、无线调度系统、闭路电视、广播系统、时钟系统、商用通信系统和乘客信息系统等。

（1）电话系统

1）公务电话。公务电话以数字程控交换机设备为核心，连接办公室、OCC车站设备室等电话分机，以满足城市轨道交通对内和对外的通信，为保证安全和减少成本使用专网网络构建而成。

2）调度电话。调度电话是为运营、电力维护和救灾等提供有效的通信，为控制信息的行车调度员、环控调度员、电力调度员和设备维修调度员等提供专用直达通信。

3）站间电话。站间电话是相邻两个车站值班员之间进行通话联络的点对点通信方式。

4）站内和轨旁电话。站内电话是为了适应站内岗位之间频繁通话建立的独立的内部电话系统。站内电话主要提供车站内部通信和与相邻车站联锁站间直达通信。轨旁电话是系统运营和维护及应急需要，让列车司机和维修人员在紧急情况下及时联系车站及相关部门。

（2）无线调度系统　无线调度系统是调度员与司机通信的唯一手段，也是移动作业人员、抢险人员实现通信的重要手段。无线调度系统有专用频道方式和集群方式两种形式。

（3）闭路电视　闭路电视系统是控制中心调度管理人员、车站值班员、站台管理人员和司机实时监控车站客流以及列车出入站乘客上下车，以提高运营组织管理效率，保证列车安全正点的设备。同时还可借助车站和中心录像进行安全及事故取证。

（4）广播系统　广播系统是城市轨道交通运营行车组织的必要手段。它的主要作用是对乘客广播，通知列车到站离站、线路换乘时间表变更、列车误点安全状况；播放音乐以改善站厅、站台、列车车厢等的候车和乘车环境；进行防灾广播，播放突发或紧急情况，组织指挥事故抢险，提高应急响应能力；对运营人员广播，发布有关通知信息，协同配合工作等。

（5）时钟系统　时钟系统是为运营准时服务乘客、统一全线设备标准时间（北京时间）而设置的。

（6）商用通信系统　商用通信系统是为乘客提供在城市轨道交通内的无线通信、广播无线上网等服务，主要有城市广播、中国移动、中国联通5G服务等。

五、全自动运行系统行车组织

1. 全自动运行系统概述

根据国际公共交通协会（UITP）对于列车运行自动化等级（Grade of Automation，GOA）的定义，GOA3级和GOA4级下的列车运行统称为全自动运行。全自动运行系统以行车为核心，同时集成了信号、车辆、综合监控、通信和站台门等多系统，满足GOA4自动化等级及降级运行的运营管理、行车组织、乘客服务、系统维护等功能要求。可以说，全自动运行系统是实现列车运行全过程自动化、消除人为因素影响的新一代城市轨道交通运行系统。

与传统的CBTC系统相比，全自动运行系统将传统线路运营过程中司机的一部分工作职能由列车自动控制系统负责，另一部分则移交至控制中心远程控制完成，以先进的运营管理模式最大限度地实现行车指挥和列车运行自动化。在行车指挥层级方面，全自动运行系统由传统的三级控制（控制中心、车站、司机）、两级管理（控制中心、车站/车辆基地），转变为两级控制（控制中心、车站/车辆基地）、一级管理（控制中心）。目前，国内主要全自动运行系统的行车组织主要采用控制中心级控制，非正常或应急情况下，则转为传统非全自动运行线路的二级调度指挥模式。

2. 全自动运行系统运行线路组成

（1）全自动运行线路控制中心 全自动运行线路控制中心集中各相关专业，实现以行车为核心的综合监控模式，对全自动运行全过程及全场景进行集中监控和管理，具备行车调度、电力调度、环境与设备调度、防灾指挥、车辆监控调度、乘客服务调度、客运管理、乘客信息管理、设备维修及信息管理等运营调度和指挥功能。同时，控制中心具备完整的人工控制功能，可供行车异常或故障情况下进行现地人工操作。

（2）全自动运行车辆基地 车辆基地作为车辆维护、调车等作业的基地，负责运营列车的全自动进出段控制和列车管理。另外，为防范控制中心失效的风险隐患，通常在车辆基地调度室设置备用控制中心，其系统设备和用房及相关设施按照满足全自动行车指挥的最小需求配置，以满足全自动运行中心及设备高可靠运行的需求。车辆基地内的调度指挥职能整体可由车辆基地调度中心管理，也可由控制中心管理。控制中心能够实现对车辆基地的自动或人工控制，并按相关要求可实现控制权在控制中心和车辆基地之间的转换。是否管辖车辆基地区域根据实际情况确定，二者的管辖范围以转换轨为分界点。

（3）全自动运行线路车站 车站负责在控制中心故障或客运紧急状况下，执行现地操作控制列车运行。

（4）全自动运行列车 列车在完成行车作业的同时将运行数据、设备状态信息等实时上传，供控制级相应给出控制决策。信号车载控制器（Vehicle On-Board Controller，简称VOBC）是保证行车安全、列车自动驾驶、提高运输效率的核心设备，负责监督、控制车载设备，由列车自动防护ATP系统、列车自动运行ATO系统、数据传输系统（Data Communication System）车载部分、应答器传输单元（Balise Transmission Module，简称BTM）车载部分等组成。列车控制及管理系统（Train Control and Management System，简称TCMS）提供了一种对各列车子系统的单点控制方式，通过整合、处理和分配列车运行中的数据，实现车辆控制、车载设备监视、车辆诊断和运行车辆管理、数据网络管理等功能。

3. 全自动运行系统主要运行功能

全自动运行系统相对于非全自动运行系统增加了以下主要功能。

（1）列车驾驶与监控 全自动运行系统能自动实现列车唤醒/休眠、蠕动模式运行、站台停车、跳跃对位等正常作业，能自动实现列车状态远程监控、远程施加与缓解列车紧急制动、远程故障处理、复位等，实现列车运行防护、控制运行。其中，为实现列车全自动运行，FAO系统具备列车驾驶模式转换的功能。列车驾驶模式及其定义如下：

1）全自动运行模式（Fully Automatic Operation，简称FAM）。在连续式通信控制级别下由ATP监控的列车全自动运行模式，在该模式下，ATP子系统保证列车的运行安全，ATO子系统实现在自动化区域内的列车全自动运行。FAM模式下，人工确认退出FAM模式后转换为CM模式，或由控制中心确认后可人工启动CAM模式。

2）蠕动模式（Creep Automatic Mode，简称CAM）。列车以FAM模式运行时，在车辆网络检测到故障、车辆网络与信号车载设备通信故障、信号设备多次超速情况下的自动运行模式。由车载信号系统向中心系统申请，中心人工确认后启动蠕动模式。CAM模式下，列车运行至指定地点后，由中心确认或人工介入后可转入CM模式。

3）ATP防护下的人工驾驶模式（Coded Train Operating Mode，简称CM）。在该模式下，ATP子系统自动防护列车运行，计算出最大允许速度，司机按推荐速度驾驶列车运行，人工控制列车在站台停车。CM模式下，可通过人工按压确认按钮转换为RM模式或AM模式，亦可在人工确认后转换为 FAM 模式。

4）ATP 防护下的列车自动驾驶模式（Automatic Train Operating Mode，简称 AM）。在该模式下，通过 ATP 子系统保证运行安全，由 ATO 子系统自动控制列车运行、调整以及定位停车控制等。AM 模式下，可通过人工按压确认按钮转换为 RM 模式。不满足 AM 运行条件时则转换为 CM 模式。

5）限制人工驾驶模式（Restricted Train Operating Mode，简称 RM）。在该模式下，车载 ATP 限制列车在某一固定的低速之下运行，司机根据调度命令和地面信号显示驾驶列车，列车运行超速时，车载 ATP 设备实施紧急制动，直至停车。列车运行的安全由联锁设备、ATP 车载设备、调度人员、司机共同保证。RM 模式下的车门状态受防护，需经过特殊授权手续方可开门。RM 模式能且仅能在接收到 AM 后转换为 CM 模式。

6）非限制人工驾驶模式（Emergency Unrestricted Train Operating Mode，简称 EUM）。在该模式下，信号车载设备处于切除状态，整个运行过程不受其监控，司机以地面信号和接收的调度命令控制列车运行，其安全由司机、联锁设备和调度人员共同保证。

（2）运营管理与监督 全自动运行系统能自动实现和切换车辆基地早间上电、出库、进入正线服务、扣车、跳停、折返换端、雨雪模式、停止正线服务、洗车、清扫等作业工况，并实时监督作业过程。控制中心还具备乘客服务与监督功能，能自动实现站台发车、站台清客（回场/段列车清客完成系统将在人工确认后发车）及车门/站台门的控制与间隙防护。当列车因实际客流发生突变，明显超出预测客流而发生运行秩序紊乱时，全自动运行系统支持运营管理采取运行计划、扣车、跳停等调整作业，恢复正常的运营秩序，满足客运需求。

（3）设备及自动化区域监测 运营过程中，全自动运行系统能够实现障碍物检测、SPKS 检测等，能以计划运行图为基础，根据首/末车经停的车站及时间，程序化控制车站基础服务设施及区间照明等设备，实现全自动综合控制；能实时监测车辆、信号等系统设备的状态，统计、分析、评估系统运行情况，并根据统计分析结果给出设备使用、维修、维护建议，以实现综合运维一体化管理。

（4）紧急状态的监测与运行处置 全自动运行系统具备对于列车火灾、站台/区间火灾、异物入侵、接触轨紧急停电等应急事件信息的自动处理功能。例如，全自动运行线路站台及列车均设有紧急呼叫与紧急操作装置，系统具备列车内/外部、站台的视频监视功能，遇异常立即联动视频监控设备并将信息上传至控制中心；遇车门/站台门状态丢失等情况时，能自动实施车门/站台门对位隔离措施等。

4. 全自动运行系统行车组织

全自动运行系统将调度指挥与行车组织相关子系统高度集成，其系统结构、功能及工作方式十分复杂。为了更好地理解全自动运行系统的工作流程及原理，全自动运行系统引入运营场景这一概念，将全自动运行系统下的列车运营过程划分为若干个阶段，每个阶段对应为一个运营场景，其中包含各场景所实现的功能、相关设备及其交互关系。现有全自动运行线路的行车组织方案涵盖正常、异常、故障、应急情况运营场景下的行车组织需求，涵盖运营时间全过程的各类作业，包括运营准备、运营开始至运营结束、车辆基地列车运行、可预见的故障、边界条件异常及突发事件应急处置，并支持不同场景下的列车运行及其灵活处理方法。

（1）正常行车场景 结合我国城市轨道交通行业特点，根据全自动运行线路在正常情况运营场景下的行车组织需求，可将运营全过程形成全自动运行场景，包含运营准备、基础设施投入运行（早间上电）、列车唤醒、列车出库运行、进入正线服务、进站停车、站台发车、区间运行、折返换端、清客、停止正线服务、清扫、休眠、车辆基地自动运行区域调车、自动洗车。全自动运行系统下的正常行车组织流程如图1-21所示。

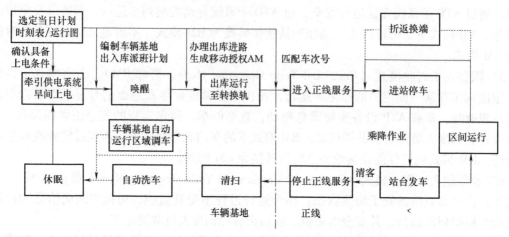

图1-21 全自动运行系统下的正常行车组织流程

在正常行车过程中，全自动运行系统以移动闭塞控制等级控制列车运行。为保证列车正点运行、兼顾实现节能运行，系统将根据计划运行图及列车早晚点运行情况自动实施列车运行调整。具体来说，当列车运行偏离运行计划时，系统将根据运营高峰/平峰时段相应的允许偏差值，判断列车早点或晚点运行状况及偏离时差，生成相应的行车指挥指令下达给ATO系统执行。运行过程中车载设备实时监测行车安全相关的外部限制条件以确保行车安全，同时实时接收行车指挥指令，以控制列车正点运行。

行车指挥指令包含区间运行等级或运行时间调整、前方站台扣车指令、跳停指令、车次或运行交路等运行计划变更四类。其中，后三类指令多用于发生火灾、地震等线路运营严重中断情况下的列车调整，在实际中不能作为自动调整的手段。行车指挥人员应保证运行计划中规定的列车运营数量等指标值不变的前提下，根据实际运行中需求、条件的变化对列车运行时间进行调整，以减少列车延误时间为目标使得受干扰的运营秩序尽快恢复至计划运营状态。

（2）**运行调整场景** 全自动运行系统规定列车运行等级宜不少于4级，等级间允许速度的差值宜为列车最高运行速度的10%，等级4的允许速度宜与列车最高运行速度一致。高峰时段宜以运行等级4控制列车运行，平峰时段宜以运行等级3控制列车运行。

当出现突发大客流导致列车不能按计划运行图中规定的到站/离站时刻继续运营时，全自动运行系统可根据计划运行图及列车早晚点运行情况自动实施区间运行等级或运行时间调整，也可根据人工下达的调整指令执行。

1）自动调整。全自动运行系统中规定，高峰时段列车运行早/晚点时间允许偏差值不宜超过±15s，平峰不宜超过±30s。在列车实际运行过程中，系统将持续监测列车实际位置及运行时分，并与计划运行图进行比较。当列车实际运行超出偏差值时，视该列车为发生早/晚点列车，系统将计算该列车在下游各车站的出发时间，通过调整列车停站时间的方式尽可能消除偏差。同时，系统将生成该列车在下游线路的区间运行时间并发送至车载VOBC，由VOBC计算出新的推荐速度曲线，通过调整运行等级的方式尽可能以推荐速度运行。

2）人工调整。全自动运行系统允许控制中心进行人工操作，例如，当客流较小、提前计划站停时间完成乘降作业时，行车调度员可根据运行调整需要，提前计划发车时间，并可远端人工控制关闭车门/站台门；当出现突发大客流导致列车按照计划停站时间无法满足运营需求时，控制中心处行车调度员可通过中心总调度员/行车调度员操作工作站进行停站时间和运行等级的人工调整操作。当行车调度员人工关闭列车运行等级自动调整功能时，ATO 系统将按默认的列车运行等级 3 控制列车运行，直至人工恢复自动调整功能。

【学习小结】

1. 线路按其在运营中的作用分为正线、辅助线（折返线、渡线、联络线等）和车场线。

2. 限界一般分为建筑限界、设备限界和车辆限界。

3. 车站行车作业包括接发列车作业、列车折返作业等；车站客运作业包括售检票、组织乘客乘降和换乘作业等。

4. 车场线是车辆段、停车场内线路的统称，包括出入段线、停车线、列检线、镟轮线、检修线、洗车线、牵出线、试车线、静调线、调机及工程车库线和联络线等。

5. 城市轨道交通车辆可以分为地铁车辆、轻轨车辆和单轨车辆等。

6. 列车是指以正线运行为目的，按规定辆数编成并具有列车标志的车组。

7. 信号机用以指挥行车保证列车的行车安全，列车必须绝对执行信号机显示的命令。城市轨道交通的信号机采用色灯信号机。信号显示的基本颜色为红、黄、绿三种，再辅以蓝、月白，构成信号的基本显示系统。

8. 单开道岔主要由三部分构成：转辙器部分、连接导轨部分、辙叉及护轨部分。

9. 联锁是指车站内信号机、道岔、轨道电路（进路）三者必须建立的一种制约关系，这种制约关系称为联锁关系。

10. 为确保列车在站与站之间运行安全，在组织列车运行时，通过设备或人工控制，使连续发出列车保持一定间隔距离安全行车的办法，称为行车闭塞法，简称闭塞。

11. 列车运行自动控制系统（简称 ATC 系统）是列车自动运行全过程的控制系统，包括列车自动防护（ATP）、列车自动驾驶（ATO）及列车自动监控（ATS）三个子系统。

12. 在行车指挥层级方面，全自动运行系统由传统的三级控制（控制中心、车站、司机）、两级管理（控制中心、车站/车辆基地），转变为两级控制（控制中心、车站/车辆基地）、一级管理（控制中心）。

【知识巩固】

一、填空题

1. 线路按其在运营中的作用分为_____、_____、_____。

2. 地铁车站按其设置的位置，可分为_____、_____、_____；按车站站台形式，可分为_____、_____和_____。

3. 地铁正线应采用_____、_____行车制。

4. 调车的禁止信号选用_____灯光，而允许信号采用_____灯光。

5. 手信号分为_____、_____及_____。

6. 信号旗适用范围为高架站及地面站昼间使用，握旗方式为_____。

7. 单开道岔主要由三部分构成：_____、_____、_____。

8. 道岔的辙叉角越大，道岔的号数就越_____，导曲线半径也越小，允许侧线过岔速度就越低。

9. 在车站范围及区间线路上，列车由某一指定地点运行到另一指定地点所经过的路径称为_____。

10. 为了保证列车安全运行，就得设法把两列车分开。采用的间隔法共有两种形式：一种是_____，一种是_____。

11. 电话闭塞的行车凭证为_____。

12. ATC 包括三个子系统，分别为_____、_____、_____。

13. 为实现列车全自动运行，_____具备列车驾驶模式转换的功能。

二、选择题

1. 以下四项中不属于车站行车作业的是（　　　）。

A. 接车作业　　　　B. 换乘作业　　　　C. 发车作业　　　　D. 列车折返作业

2. 车站按功能划分可分为（　　　）。

A. 集中站和非集中站

B. 岛式站台车站、侧式站台车站、混合式站台车站

C. 终点站（始发站）、中间站、换乘站、折返站等

D. 地下站、地面站、高架站

3. 以下不属于辅助线的是（　　　）。

A. 折返线　　　　B. 联络线　　　　C. 检修线　　　　D. 渡线

4. 建筑物在任何情况下不得侵入轨道交通（　　　），设备在任何情况下不得侵入轨道交通（　　　），机车车辆无论空、重状态均不得超出（　　　）。

A. 建筑限界、设备限界、车辆限界　　　　B. 设备限界、车辆限界、建筑限界

C. 车辆限界、建筑限界、设备限界　　　　D. 建筑限界、车辆限界、设备限界

5. Mp 车代表的是（　　　）。

A. 带驾驶室的拖车　　　　　　　　B. 带受电弓的动车

C. 不带受电弓的动车　　　　　　　D. 不带驾驶室的拖车

6. 控制车站的道岔、进路和信号的设备称为（　　　）。

A. 信号机　　　　B. 联锁设备　　　　C. 转辙机　　　　D. 联锁装置

7. 以下不属于信号基本颜色的是（　　　）。

A. 紫色　　　　B. 月白色　　　　C. 红色　　　　D. 黄色

8. 阻挡信号为（　　　）显示。

A. 单红显示　　　　B. 单黄显示　　　　C. 红灯+黄灯　　　　D. 红黄绿三色显示

9. 城市轨道交通常用标志"25km+879m"是下面哪一项标志的应用（　　　）。

A. 公里标　　　　　　　　　　　　B. 坡度标

C. 公里标和百米标　　　　　　　　D. 百米标

三、简答题

1. 简述车站的分类形式。

2. 写出 6 节编组列车排列形式。

3. 铺画单开道岔示意图。

4. 简述移动闭塞的定义。

5. 通信系统按用途可以分为哪些?

6. 全自动运行系统的主要运行功能有哪些?

任务二 城市轨道交通行车组织机构认知

【任务描述】

作为城市轨道交通系统的行车调度指挥者,应能够科学地组织客流,经济合理地使用车辆及其他运输设备,挖掘运输潜力,根据列车运行图和每日具体状况,组织与运输相关的各部门密切配合,采取相应的调整措施,以使各个环节紧密配合、协同动作,从而保证列车安全、正点运行,满足乘客出行的需求,更好地服务于城市居民的生活。本任务主要介绍城市轨道交通行车组织架构,城市轨道交通行车组织相关岗位职责,行车调度员与关联岗位的关系。

【学习目标】

知识目标	技能目标	素养目标
1. 熟悉城市轨道交通调度指挥组织机构; 2. 熟悉城市轨道交通行车调度相关岗位职责; 3. 了解行车调度员与关联岗位的关系。	1. 能够清楚认识行车调度工作岗位职责; 2. 能够明确行车调度员与车站值班员、车场调度员等岗位的关系。	1. 养成良好的职业道德; 2. 培养学生在城市轨道交通行车调度工作中的工匠精神。

【理论知识】

城市轨道交通系统是技术密集型的公共交通系统,行车调度工作由调度控制中心实施,实行安全第一、集中领导、统一指挥、逐级负责的原则,以使各个环节紧密配合、协同动作,从而保证列车安全、正点的运行。

一、列车运行指挥日常工作内容

列车运行指挥是整个运输生产活动的中心,在我国的大部分城市,通常由行车指挥调度控制中心(OCC)担任城市轨道交通系统的列车运行指挥工作,它是城市轨道交通系统的运营生产指挥部门,负责所辖一条或多条轨道交通线路行车、电力、消防、环控及票务等的运行调度和突发事件处理等工作。全线的行车工作由行车调度员负责统一指挥。与行车有关的人员,须服从行车调度员指挥、执行行车调度员命令。

二、调度指挥层次及结构组成

运营指挥分为一级和二级两个指挥层级，二级服从一级指挥。一级指挥为行车调度员、电力调度员、环控调度员等。二级指挥为车场调度员、车站值班员和车场调度员（某些运营企业也称为信号楼值班员）等。各级指挥要根据各自职责任务独立开展工作，并服从运营控制中心值班主任总体协调和指挥，某地铁公司行车调度组织结构体系，如图 1-22 所示。

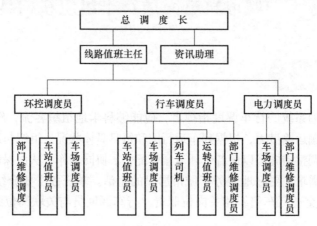

图 1-22 某地铁公司行车调度组织结构体系

三、行车调度主要岗位

1. 控制中心（OCC）

其主要职责有：

1）控制中心代表集团公司负责指挥全线网的运营工作，是轨道交通线网运营、行车组织、日常维护的指挥中心。

2）控制中心是轨道交通运营信息的收发中心。

3）控制中心代表集团公司与外界协调联络轨道交通运营支援工作。

2. 总调度长

网络运营公司设置总调度长，是代表集团公司和运营公司进行线网运营、管理和突发事件、事故处理工作的最高现场负责人。负责接受上级和集团公司领导相关指示，负责线网运营的统一组织、指挥、协调工作。各线、各岗位人员都须服从总调度长的指挥。

3. 线路值班主任

线路值班主任是运行公司各条线路的运营组织、管理责任人，负责各条线路的各岗位人员的工作安排和运营工作的统一指挥。在发生突发事件、事故时，各线路值班主任须及时向总调度长报告相关信息，提供本线路各岗位处理突发事件、事故的方案；并负责组织实施本线路跨专业、跨部门的抢险指挥；负责配合其他线路突发事件、事故在本线路的配合处理指挥。

4. 行车调度员

行车调度员是一个调度区段行车工作的指挥者，负责监控列车的运行状况，及时掌握列车运行、到发情况，发布调度命令，检查各站、段执行和完成行车计划情况，并且在列车晚点或事故时，组织和指挥车站工作人员、列车乘务员以及相关的各个部门及时采取相应措施，尽快恢复列车运行，减少运营损失，安排各种检修施工作业，组织施工列车开行。

5. 车站值班员

车站值班员执行行车调度员的命令和指示，统一指挥车站的行车作业。监视行车控制台的进路开通方向、道岔位置及信号显示，监视列车运行状态和乘客乘降情况。在实行车站控制时，按列车运行图及行车调度员下达的列车运行计划办理闭塞、排列进路、开闭信号、接发列车；填写行车凭证和其他各种行车报表，办理设备检修施工登记，组织交接班工作。

6. 车场调度员

车场调度员（车场调度长和车场调度员的统称，简称"场调"）的任务是组织电动列车或工作车（含内燃机车）出入车场、车场内调车、车场内接触网停送电、调度室消防系统设备监控、编制列车运用计划和下达施工进场作业令及其他抢修令等。

四、行车调度员与关联岗位的关系

1. 与车站行车值班员的关系

车站行车值班员在行车调度员的业务指导下，负责本车站管辖范围内的行车组织工作。

2. 与车场调度员的关系

车场调度员负责车辆、停车场内的行车调度工作及列车进出段、场的作业。当核对列车运用计划及加开临时列车时，行车调度员须与车场调度员进行沟通。

3. 与运转值班员的关系

运转值班员负责全线列车司机的调配，行车调度员在需要加开临时列车时须与车务部运转值班员进行沟通。

4. 与电力调度员的关系

运营开始后、结束前，行车调度员须与电力调度员按照停送电作业流程办理相关的停送电手续；事故抢险时，行车调度员应使用调度电话通知电力调度员立即停电；供电设备临时故障需要停电时，电力调度员使用调度电话通知行车调度员，待行车调度员同意后方可立即停电；电力调度员发现或接到牵引变电所跳闸或故障报告后，应立即通知行车调度员，电力调度员将故障处理完毕后，立即报告行车调度员。

5. 与环控调度员的关系

在列车被迫在区间停车 2min，ATS 系统发生报警后，行车调度员应通知环控调度员启动环控系统阻塞模式，并通知环控调度员注意观察系统运营情况。

6. 与值班主任的关系

行车调度员必须服从值班主任的绝对领导，当发生事故和突发事件时，由值班主任指挥各专业调度员工作，各专业调度员负责了解相关情况，并提供事故和突发事件的配合处理方案，经值班主任批准后执行；行车调度员发布书面调度命令前须经值班主任批准。

【学习小结】

1. 行车调度工作由调度控制中心实施，实行安全第一、集中领导、统一指挥、逐级负责的原则，以使各个环节紧密配合、协同动作，从而保证列车安全、正点的运行。

2. 运营指挥分为一级和二级两个指挥层级，二级服从一级指挥。

3. 一级指挥为行车调度员、电力调度员度员和环控调度员等。

4. 二级指挥为值班站长、车场调度员、行车值班员和车场值班员（某些运营企业也称为信号楼值班员）等。

【知识巩固】

一、填空题

1. 城市轨道交通系统是技术密集型的公共交通系统，行车调度工作由调度控制中心实施，实行_____、_____、_____、_____的原则。

2. 运营指挥分为_____和_____两个指挥层级，_____服从_____指挥。

3. _____是一个调度区段行车工作的指挥者，负责监控列车的运行状况，及时掌握列车运行、到发情况，发布调度命令。

4. _____主要监控变电所、接触网等和供电相关的各种设备，及时采集各种数据，保证各个车站、列车供电的可靠性与安全性。

5. 统一指挥车站的行车作业的岗位是_____。

二、选择题

1. 城市轨道交通的行车工作由（　　　）统一指挥。

A. 电力调度员　　　　B. 行车调度员　　　　C. 环控调度员　　　　D. 客运调度员

2. 下面属于地铁运营指挥一级指挥的是（　　　）。

A. 值班站长、车场调度员　　　　　　　B. 环控调度员、行车调度员

C. 车场值班员、电力调度员　　　　　　D. 车场调度员、行车调度员

3. 下面不属于地铁运营指挥二级指挥体系的是（　　　）。

A. 值班站长　　　　B. 行车值班员　　　　C. 环控调度员　　　　D. 派班员

4. 车站行车组织工作由车站（　　　）统一负责。

A. 当班站长　　　　　　　　　　　　　B. 当班值班站长

C. 当班行车值班员　　　　　　　　　　D. 当班站长助理

5. 行车调度员工作职责不包括以下哪项？（　　　）

A. 当列车运行秩序不正常时，及时采取措施，尽快恢复正常运行秩序

B. 及时、准确地处理行车异常情况，防止行车事故发生

C. 监控列车到达、出发及途中运行情况，确保列车运行秩序正常

D. 掌握车场内列车和车辆的停留状况，根据工作需求，及时地编制下达调车作业单，监督检查调车计划的实施。

6. 在列车被迫在区间停车2min，ATS系统发生报警后，行车调度员应通知（　　　）启动环控系统阻塞模式。

A. 电力调度员　　　　B. 环控调度员　　　　C. 调度主任　　　　D. 维修调度员

三、简答题

1. 简述行车调度员的主要工作内容。

2. 简述行车调度员与关联岗位的关系。

项目二

列车运输计划及运行图

【情景导入】

重庆轨道 3 号线新增 4 列八辆编组列车　调整运营组织方式

重庆轨道交通 3 号线鱼洞~江北机场段单轨里程很长，交通客运量非常大，随着重庆线网规模的扩大，客流剧增。为缓解压力，轨道交通 3 号线于 2016 年 5 月 31 日起每个工作日新增 4 列八辆编组列车上线运行，同时调整运营组织方式。

一、调整运营组织方式

重庆轨道交通 3 号线鱼洞~江北机场全线运行方式将进行调整，调整后，将分为 3 个区段分段运行，并开行鱼洞~江北机场全程贯通的列车。

3 个区段：鱼洞~江北机场为一个运行区段，四公里~江北机场为一个运行区段，九公里~龙头寺为一个运行区段。

二、增加八辆编组列车数量。

高峰时段增加 4 列八辆编组列车（达到 15 列），上线列车总数达到 56 列。

平峰时段增加 4 列八辆编组列车（达到 12 列），上线列车总数达到 43 列。

三、调整发车间隔

高峰时段九公里~四公里段最小发车间隔由原来的 5 分缩短至 2 分 30 秒。

平峰时段九公里~四公里段最小发车间隔由原来的 7 分缩短至 3 分 20 秒。

本项目主要介绍了列车运输计划及列车运行图相关内容，具体包括全日行车计划、车辆配备与运用计划、列车开行方案、列车运行图概述、列车运行类型以及如何铺画列车运行图。

任务一　列车开行计划制订

【任务描述】

运输计划根据城市轨道交通客流的特点，规定城市轨道交通线路日常运输任务。本任务具体阐述了如何确定车站各时段最大断面客流量、计算营业时间内各时段开行的列车数、确定行车间隔以及列车开行方案等，主要从全日行车计划、列车开行方案、车辆配备与运用计划等几个方面进行介绍。

【学习目标】

知识目标	技能目标	素养目标
1. 了解客流计划主要内容； 2. 掌握全日行车计划编制； 3. 熟悉车辆配备与运用计划。	1. 能够根据站间到、发客流资料计算各站上、下车人数； 2. 能够计算断面客流量，找寻最大断面客流量； 3. 能够计算开行列车数及行车间隔。	1. 认真仔细统计客流数据，保证计算数据正确性，强调精益求精精神的养成； 2. 以列车编组方案调整为例，引发学生思考，地铁运行方案的设计要有前瞻性。

【理论知识】

一、客流计划

客流计划是指计划期间城市轨道交通系统线路客流的规划，是编制全日行车计划、列车开行方案和车辆运用计划的基础。在新线投入运营的情况下，客流计划根据客流预测资料进行编制；在既有运营线路的情况下，客流计划根据统计资料和客流调查资料进行编制。

客流计划主要包括站间到发客流量，各站方向上下车人数，全日、高峰小时和低谷小时的断面客流量，全日分时最大断面客流量等。

最基本的站间客流资料可以用一个二维矩阵来表示，也可称为站间交换量 OD 矩阵。表 2-1 是一个 8 站间的 OD 矩阵，右下角为全线客流总量。

表 2-1　早高峰小时站间 OD 客流表　　　　　　　　　　　（单位：人）

O＼D	A	B	C	D	E	F	G	H
A	—	2341	2033	2518	1626	2104	3245	4232
B	2314	—	575	1540	1320	2282	2603	3112
C	1887	524	—	187	281	761	959	1587
D	2575	1276	199	—	153	665	940	1638
E	1556	1253	322	158	—	143	426	1040
F	3100	2337	662	691	162	—	280	1895
G	4191	3109	816	956	448	388	—	711
H	3560	2918	1569	1728	967	1752	671	—

根据表 2-1 可以统计各站上下车人数。规定斜线右上方为上行数据，斜线左下方为下行数据，按每行之和为上车人数，每列之和为下车人数，计算分方向的上下车人数，具体结果见表 2-2。区间的断面流量可以在此基础上生成。

表 2-2　早高峰小时各站上下车人数　　　　　　　　　　　（单位：人）

上行		车站	下行	
上车	下车		上车	下车
18099	0	A	19183	0
11432	2341	B	11517	2314
3775	2608	C	3568	2411
3396	4245	D	3533	4150
1609	3380	E	1577	3289
2175	5955	F	2140	6952
711	8453	G	671	9908
0	14215	H	0	13165

根据各站上下车人数（表2-2），可计算出各断面客流量，按照以下公式进行计算，结果见表2-3。

$$P_{i+1} = P_i - P_下 + P_上$$

式中　P_{i+1}——第 i+1 个断面的客流量（人）；

　　　P_i——第 i 个断面的客流量（人）；

　　　$P_下$——在车站下车人数（人）；

　　　$P_上$——在车站上车人数（人）。

表2-3　早高峰小时各区间断面客流量　　　　　　　　　（单位：人）

上行	区间	下行
18099	A-B	19183
27190	B-C	28386
28357	C-D	29543
27508	D-E	28926
25737	E-F	27214
21957	F-G	22402
14215	G-H	13165

在客流计划编制过程中，高峰小时的断面客流量可以通过高峰小时站间到发客流量来计算，也可以通过全日站间到发客流量来估算。在用全日站间到发客流量进行估算时，求出全日断面客流量数据后，高峰小时的断面客流量按占全日断面客流量的一定比例来估算，比例系数的取值可通过客流调查来确定。全日分时最大断面客流量可在求出高峰小时断面客流量的基础上，根据全日客流分布模拟图来确定。

二、全日行车计划

全日行车计划是城市轨道交通营业时间内各个小时开行的列车对数计划，它规定了城市轨道交通线路的日常运输任务。全日行车计划根据营业时间内各时段的最大断面客流量、列车定员、车辆满载率以及希望达到的服务水平综合考虑编制。

1. 全日行车计划编制资料

（1）营业时间　城市轨道交通系统的营业时间因城市而异。营业时间的安排主要考虑了两个因素：一是方便乘客，满足城市居民生活的需要，考虑市民居住生活出行等特点；二是满足轨道交通系统各项设备检修养护的需要。较长的运营时间，是城市轨道交通系统提高服务水平的体现。

（2）全日分时最大断面客流量　全日分时最大断面客流量通常在高峰小时断面客流量的基础上，根据全日客流分布比例图计算确定。

（3）列车定员数　列车定员数是车辆定员和列车编组辆数的乘积。

车辆定员人数由车辆的座位人数和站位人数组成。站位面积为车厢面积减去座位面积，所以车辆定员的多少取决于车辆的类型、尺寸、车厢内座位布置方式和车门设置数。

列车编组辆数的确定以高峰小时最大断面客流量作为基本依据，在客流量一定的情况下，可采用增加列车编组辆数或缩短行车间隔时间的措施达到预定的运能要求。

（4）**线路断面满载率** 线路断面满载率是指单位时间内特定断面上的车辆载客能力利用率。线路断面满载率通常是指在高峰小时，单向最大客流断面的车辆载客能力利用率，计算公式如下：

$$\beta = \frac{p_{\max}}{c_{\max}} \times 100\%$$

式中 β——线路断面满载率；

$p_{\max}$——单向最大断面客流量（人）；

$c_{\max}$——高峰小时线路输送能力（人）。

线路断面满载率反映了高峰小时开行列车在最大客流断面的满载程度，也反映了乘客乘坐的舒适程度。

2. 全日行车计划的编制

1）计算全日分时行车计划中开行的列车对数，按下式计算：

$$n_i = \frac{p_{\max}}{p_{列} \times \beta}$$

式中 n_i——某 i 小时内应开行的列车数（列或对）；

$p_{\max}$——该小时最大客流断面旅客数量（人）；

$p_{列}$——列车的设计载客能力（人）；

β——满载率，一般高峰小时可 120%，其他运营时段可取 90% 左右。

2）计算发车间隔时间，按下列计算：

$$T_i = \frac{60}{n_i}(\min) \quad 或 \quad T_i = \frac{3600}{n_i}(s)$$

式中 T_i——行车间隔时间（min 或 s）；

n_i——小时开行列车数（列）。

3）最终确定全日行车计划。在计算得出分时开行列车数和行车间隔的基础上，应检查是否存在某段时间内行车间隔过长的情形。行车间隔过长，会增加乘客候车时间，降低乘客服务水平，不利于吸引客流。为提高服务水平，城市轨道交通的行车间隔在非高峰运营时间9:00-21:00 一般不宜大于 6min，在其他非高峰运营时间一般不宜大于 10min。另外，高峰小时行车间隔的确定应检验与列车折返能力是否相适应。

三、车辆配备与运用计划

1. 车辆配备计划

车辆配备计划是指在一定类型的设备和行车组织方法条件下，为完成全线全日行车计划所需要的车辆保有数量计划。车辆配备计划包括推算运用车辆数、在修车辆数和备用车辆数三部分。

（1）**运用车辆数** 运用车辆数是为完成日常运输任务而配备的技术状态良好的车辆，运用车的需要数与高峰小时开行列车对数、列车旅行速度及在折返站停留时间等因素有关，计算方法为

$$N = \frac{n_{高峰}\theta_{列}m}{60}$$

式中 $n_{高峰}$——高峰小时开行的列车对数；

m——平均每列车编组辆数；

$\theta_{列}$——列车周转时间（min）。

列车周转时间是指列车在线路上往返一次所消耗的全部时间。它包括列车在区间运行时间、列车在中间站停留时间以及列车在折返站作业停留时间。

$$\theta_{列} = \sum t_{运} + \sum t_{站} + \sum t_{折}$$

式中　$t_{运}$——列车在线路上往返一次各区间运行时间之和；

　　　$t_{站}$——列车在线路上往返一次各中间站停站时间之和；

　　　$t_{折}$——列车在折返站停留时间之和。

当列车在折返站的出发间隔时间大于高峰小时的行车间隔时间时，须在折返线上预置一个列车进行周转，此时运用车辆数需相应增加。

（2）检修车　处于检修状态的车辆为检修车。车辆经过一段时间的运用后，各部件会产生磨耗、变形或损坏，为保证车辆技术状态良好和延长使用寿命，需要定期对车辆进行检修。车辆检修包括车辆检修级别和车辆检修周期。根据设计性能、使用寿命以及运用环境和运用指标来确定。

检修列车数量须根据运用车辆数、综合维修能力、修程修制来确定，一般为运用车辆数的10%～15%。

车辆的检修级别通常包括日检、双周检、双月检、定修、架修和大修六类，详见表2-4。

检修周期主要是根据设备的磨损程度和可靠性而定的，而车辆运用时间和行走里程数通常是设备磨损和可靠性的表征。因此，在实际过程中，就将车辆运用时间和走行里程数作为车辆检修周期的确定标准。

表2-4　车辆检修级别、周期及停时

检修类别	时间间隔	走行里程数/km	检修停时
日检	1d	—	—
双周检	14d	4000	4h
双月检	60d	20000	48h
定修	1a	100000	10d
架修	5a	500000	25d
厂（大）修	10a	1000000	40d

（3）备用车　备用车是为轨道交通系统适应可能的临时或紧急的运输任务、预防车辆故障的发生而准备的技术状态良好的车辆。一般说来，这部分车辆的数量可控制在总数量10%左右。新线车辆状态较好，客流不大，备用车辆数量可适当减少。

2. 车辆运用计划

车辆运用计划是在列车运行图和车辆检修计划的基础上进行编制的。车辆运用计划包括以下四个方面：

（1）排定车辆出入段的顺序和时间　在新列车运行图下达后，车辆段有关部门应根据列车运行图的要求，及时排定运用车辆的出段顺序、时间和担当车次以及回段顺序、时间和返回方向。出段时间根据列车运行图关于列车在始发站出发时刻的规定确定，应分别明确乘务员出勤时间、客车车底出库和出段时间。回段时间和返回方向同样根据列车运行图确定。

（2）铺画车辆周转图（图2-1）　列车正线运行通常采用循环交路，根据列车运行图和车辆出段顺序，车辆运用计划以车辆周转图的形式规定了全日对应各出段顺序的车辆在线路上往返运行的交路，车辆在两端折返站到达和出发时间以及车辆出入段时间和顺序。

（3）**确定对应各出段顺序的车辆**　根据车辆的运用情况和技术状态，在每日傍晚具体规定次日车辆的出段顺序和担当交路。在具体规定车辆的运用时，应注意使各车辆的走行公里数能在一定时期内大体均衡。

（4）**配备乘务员**　为提高车辆利用效率和劳动生产率，轨道交通系统的乘务制度通常采用轮乘制。由于乘务员值乘的列车不固定，在编制车辆运用计划时，应对乘务员的出退勤时间、地点和值乘列车车次以及工间休息和用餐时间等同步做出安排。在安排乘务员的工作时，应注意乘务员的连续工作时间不要超过相关规定。

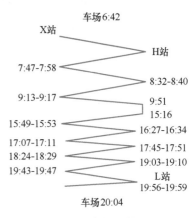

图 2-1　车辆周转图

四、列车开行方案

列车开行方案包括列车编组方案、列车交路方案和列车停站方案三部分。在列车开行方案中，列车编组方案规定了列车是固定编组还是非固定编组以及列车的编组辆数；列车交路方案规定了列车的运行区段与折返车站；列车停站方案规定了列车是站站停车方式还是非站站停车方式。此外，列车开行方案还规定了按不同编组、交路和停站方案开行的列车数。

1. 列车编组方案

（1）**大编组方案**　大编组是指在运营时间内列车编组辆数固定且相对较多，如地铁列车采用 6 辆或 8 辆编组的情形。

（2）**小编组方案**　小编组是指在运营时间内列车编组辆数固定且相对较少，如地铁列车采用 3 辆或 4 辆编组的情形。

（3）**大小编组方案**　大小编组是指在运营时间内列车编组辆数不固定。大小编组有两种情形：一种是在客流非高峰时段编组辆数相对较少，在客流高峰时段编组辆数相对较多，如在客流非高峰和高峰时段，地铁列车分别采用 3/6 辆编组、4/6 辆编组或 4/8 辆编组的情形；另一种是在全日运营时间内采用大小编组，如地铁列车采用 3/6 辆编组或 4/6 辆编组的情形。采用大小编组方案时，与 4/6 辆编组方案相比，3/6 辆编组方案更具有乘客服务水平较高、可根据客流量灵活编组以及车辆检修周期一致等优点。

2. 列车交路方案

列车交路是指列车在规定的运行线路上往返运行的方式，规定了列车运行区段、折返车站以及按不同交路运行的列车对数。列车交路方案是指根据运营组织的要求及运营条件的变化，按列车运行图或由行车调度员指挥列车按规定区间运行、折返的列车运行计划。

常见的列车交路有长交路、短交路和混合交路三种，如图 2-2 所示。

1）长交路（也称单一长大交路）是指列车在全线各站间运行，为全线提供运输服务，列车到达折返线或站后返回。

2）短交路（也称分段运行交路）是指列车在某一区段内运行，在指定车站折返，它可为某一区段旅客提供服务。

3）混合交路（也称大小交路或嵌套交路）是指线路上长短交路并存的情形，既能够在两个终点站间折返运行，也能够在中间站折返运行。

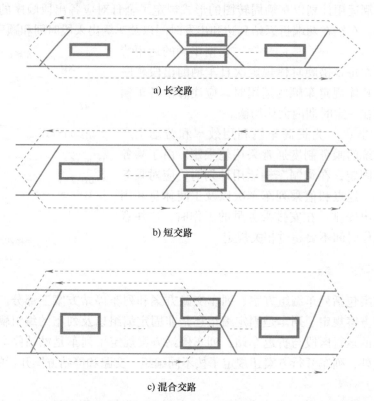

a) 长交路

b) 短交路

c) 混合交路

图 2-2　常见列车交路类型

3. 列车停站方案

（1）站站停车　站站停车指列车在全线所有车站均停车，与非站站停车相比，线路上开行列车种类简单，不存在列车越行，乘客无须换乘，也无须关注站台上的列车信息显示。在跨区段、长距离出行乘客比例较大时，站站停车在车辆运用与服务水平方面均未达到最佳状态。

（2）区段停车　该方案在混合交通的基础上，规定长交路列车在短交路区段外进行站站停车作业，在短交路区段内不停车通过，而短交路运行列车则在短交路区段内各站停车，如图 2-3 所示。

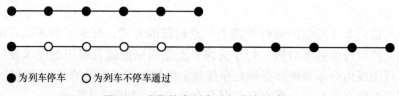

●为列车停车　　○为列车不停车通过

图 2-3　分段停车列车运行方案示意图

分段停车列车运行方案减少了混合交路列车的停站次数，因而能压缩长途乘客在列车上的总旅行时间；列车旅行速度的提高也有利于加快长交路运行车辆的周转。该方案的主要问题是：上下车不在同一交路区段的乘客需要换乘，增加了全程旅行消耗的时间。

（3）跨站停车　将全线车站分成 A、B、C 三类，A、B 两类站按相邻分布原则确定，C 类车站按每隔若干个车站选择一站原则确定。所有列车均应在 C 类车站停车作业，但在 A、

B 两类车站则分别停车作业，如图 2-4 所示。

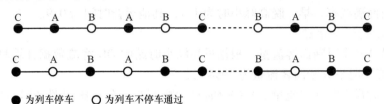

● 为列车停车　○ 为列车不停车通过

图 2-4　跨站停车列车运行方案示意图

跨站停车列车运行方案减少了列车停站次数，因而能压缩列车旅行时间和乘客换乘时间、提高旅行速度；还能够加速车辆周转速度，减少车辆使用，降低运营成本。该方案的问题是：由于 A、B 两类车站的列车到达间隔加大，乘客候车时间增加，另外在 A、B 两类车站间乘车的乘客需要在 C 类车站换乘，带来不便。该方案适用于在 C 类车站客流量较大，而在 A、B 类车站客流量较小，并且乘客平均运距较长的线路。

（4）部分列车跨多站停车　部分列车跨多站停车是指线路上开行两类长交路列车，即普速（站站停车）列车和快速（跨多站停车）列车，快速列车只在线路上的主要客流集散站停车，而在其他站不停车通过，该停车方案在提高跨多站停车列车旅行速度的同时，避免了跨站停车方案存在的部分乘客需要换乘的问题，做到了既能提高运营经济性，又不降低对乘客的服务水平。此外，该停车方案运用比较灵活，运营部门可根据客流特征按不同比例确定快速列车开行对数。在线路通过能力利用率比较高的情况下，采用该停车方案通常会引起快速列车越行普速列车；如果不安排列车越行，则只能以损失线路通过能力来保证追踪列车间隔时间。

【实践技能】

全日行车计划编制实例

（1）编制资料

1）早高峰小时（7:00-8:00）各断面客流量见表 2-3。

2）分时最大断面客流量分布比例图如图 2-5 所示。

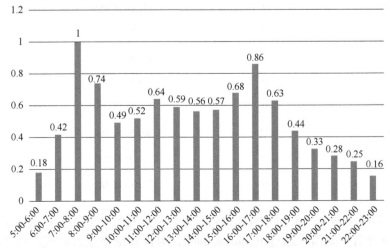

图 2-5　分时最大断面客流量分布比例图

3）列车编组为 6 辆，车辆定员为 310 人。

4）线路断面满载率，早、晚高峰小时为 1.1，其他运营时间为 0.9。

（2）编制全日行车计划

1）计算早高峰小时断面客流量。根据早高峰小时站间 OD 客流数据计算早高峰小时断面客流量，早高峰小时最大断面客流量为 29543 人

2）计算分时最大断面客流量。根据分时最大断面客流分布比例图（图 2-5）计算分时最大断面客流量，计算结果见表 2-5。

表 2-5　分时最大断面客流量

时间	全日分时最大断面客流量/人	时间	全日分时最大断面客流量/人
5:00-6:00	5318	14:00-15:00	16840
6:00-7:00	12408	15:00-16:00	20089
7:00-8:00	29543	16:00-17:00	25407
8:00-9:00	21862	17:00-18:00	18612
9:00-10:00	14476	18:00-19:00	12999
10:00-11:00	15362	19:00-20:00	9749
11:00-12:00	18908	20:00-21:00	8272
12:00-13:00	17430	21:00-22:00	7386
13:00-14:00	16249	22:00-23:00	4727

3）计算分时开行列车数。根据分时最大断面客流量、列车定员与线路断面满载率计算分时开行列车数，计算结果见表 2-6。

表 2-6　分时开行列车数

时间	开行列车数	时间	开行列车数
5:00-6:00	4	14:00-15:00	10
6:00-7:00	8	15:00-16:00	12
7:00-8:00	15	16:00-17:00	13
8:00-9:00	13	17:00-18:00	12
9:00-10:00	9	18:00-19:00	8
10:00-11:00	10	19:00-20:00	6
11:00-12:00	12	20:00-21:00	5
12:00-13:00	11	21:00-22:00	5
13:00-14:00	10	22:00-23:00	3

4）计算分时行车间隔。根据分时开行列车数计算分时行车间隔，并根据实际情况，非高峰运营时间内部分行车间隔不超过 10min 或 6min，对计算结果进行修正，最终确定全日列车开行计划见表 2-7。

表 2-7　全日列车开行计划

时间	开行列车数	行车间隔	时间	开行列车数	行车间隔
5：00-6：00	6	10min	14：00-15：00	10	6min
6：00-7：00	8	7min30s	15：00-16：00	12	5min
7：00-8：00	15	4min	16：00-17：00	13	4min35s
8：00-9：00	13	6min	17：00-18：00	12	5min
9：00-10：00	10	4min35s	18：00-19：00	8	7min30s
10：00-11：00	10	6min	19：00-20：00	6	10min
11：00-12：00	12	5min	20：00-21：00	6	10min
12：00-13：00	11	5min25s	21：00-22：00	6	10min
13：00-14：00	10	6min	22：00-23：00	6	10min

【学习小结】

1. 客流计划是指计划期间城市轨道交通系统线路客流的规划，是编制全日行车计划、列车开行方案和车辆运用计划的基础。

2. 客流计划主要包括站间到发客流量，各站方向上下车人数，全日、高峰小时和低谷小时的断面客流量，全日分时最大断面客流量等。

3. 全日行车计划根据营业时间内各时段的最大断面客流量、列车定员、车辆满载率以及希望达到的服务水平综合考虑编制。

4. 列车定员数是车辆定员和列车编组辆数的乘积。

5. 线路断面满载率是指单位时间内特定断面上的车辆载客能力利用率。

6. 车辆运用计划是指在一定类型的设备和行车组织方法条件下，为完成全线全日行车计划所需要的车辆保有数量计划。

7. 车辆配备计划包括推算运用车辆数、在修车辆数和备用车辆数三部分。

8. 列车开行方案包括列车编组方案、列车交路方案和列车停站方案三部分。

9. 常见的列车交路有长交路、短交路和混合交路三种。

10. 列车停站种类包括站站停车、区段停车、跨站停车、部分列车跨多站停车等。

【知识巩固】

一、填空题

1. 客流计划是编制_____、_____和_____的基础。

2. 列车定员数是_____和_____的乘积。

3. 车辆定员人数由_____和_____组成。

4. 车辆配备计划包括推算_____、_____和_____三部分。

5. 车辆运用计划是在_____和_____的基础上进行编制的。

6. 备用车的数量一般控制在运用车数的_____左右。

7. 列车开行方案包括_____、_____和_____三部分。

8. 常见的列车交路有_____、_____和混合交路三种。

二、选择题

1. 列车编组辆数的确定以（   ）作为基本依据。

A. 站间到发客流量

B. 全日分时最大断面客流量

C. 列车开行数

D. 高峰小时最大断面客流量

2. （   ）可在求出高峰小时断面客流量的基础上，根据全日客流分布模拟图来确定。

A. 全日分时最大断面客流量　　　　　B. 全日最大断面客流量

C. 全日分时平均断面客流量　　　　　D. 全日总客流量

3. 影响列车交路决策的最主要因素是（   ）。

A. 行车条件　　　　　　　　　　　　B. 客流组织

C. 行车间隔　　　　　　　　　　　　D. 区段客流的大小

4. （   ）是指列车在指定的折返站间折返，在一条线路上的某段区间内运行。

A. 列车交路　　　　　　　　　　　　B. 长交路

C. 短交路　　　　　　　　　　　　　D. 混合交路

5. 车辆运用计划包括（   ）。

A. 排定车辆出入段顺序和时间

B. 铺画车辆周转图

C. 确定对应各出段顺序的车辆（客车车底）

D. 配备乘务员

三、简答题

1. 列车定员数是如何计算的？列车编组数是如何确定的？

2. 简述全日行车计划的编制流程。

3. 列车交路种类有哪些，各类交路的优缺点分别是什么？

四、计算题

1. 已知某地铁区段线路上远期高峰小时开行最大列车数为 18 列，列车以动车组编组，平均每列车编组辆数为 6 辆，列车周转时间是 48min，试问该区段上应配备多少辆运用车？

2. A—H 城市轨道交通线路上的客流资料如图 2-6 所示，E 站具备折返条件，列车定员数为 1200 人/列，满载率为 110%，请计算该线路的交路计划。

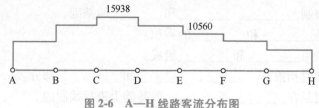

图 2-6　A—H 线路客流分布图

任务二 列车运行图编制

【任务描述】

列车运行图是列车运行的基础，本任务从列车运行图的主要作用、组成的相关要素，运行图的不同类型、运行图的编制等相关方面进行介绍。

【学习目标】

知识目标	技能目标	素养目标
1. 了解列车运行图的作用； 2. 掌握列车运行图的定义及表示； 3. 掌握不同类型列车运行图； 4. 掌握列车运行图相关要素。	1. 能够根据列车运行数据手工铺画列车运行图； 2. 能够利用列车运行系统铺画列车运行图； 3. 能够对列车运行指标进行计算。	1. 要求学生铺画运行图相关时间准确，培养学生严谨的工作态度； 2. 注重车辆安排合理，运行时间标准无误差，培养学生的工匠精神。

【理论知识】

一、列车运行图的定义

列车运行图是运用坐标原理来描述列车在轨道线路运行的时间、空间关系，直观地显示出列车在各车站（车辆段）停车或通过、在各区间运行状态的一种图解形式。它规定了列车运行交路、各次列车在车辆段每个车站的到达和出发（或通过）时刻、列车折返时间、列车在区间运行时间及在车站停站时间等，是组织全线列车运行的基础。

二、列车运行图的表示

列车运行图是为运营部门提供的一种组织列车在各站和区间运行计划的一种图解形式，一般由下列线条组成。

1. 横坐标

横坐标表示时间变量，按要求用不定的比例进行时间划分，一般城市轨道交通列车运行图采用 1 分格或 2 分格，即每一等分表示 1min 或 2min。

2. 纵坐标

纵坐标表示距离分割，根据区间实际里程，采用规定的比例，以车站中心线所在位置进行距离定点。

3. 垂直线

垂直线是一族平行的等分线，表示时间等分段，一般整小时和整 10min 用粗线表示，半小时用虚线一分线或细线二分线表示。

4. 水平线

水平线是一族平行的不等分线，表示各个车站中心线所在的位置，各水平线间距离的远近基本表示各站之间距离的远近。

5. 斜线

列车运行轨迹（径路）线即列车运行线，一般以上斜线表示上行列车，下斜线表示下行列车。

6. 运行线与车站交点

在列车运行图上，列车运行线与车站的交点即表示该列车到达、出发或通过的时刻。

7. 车号、车次

在列车运行图上，每个列车均有不同的车号与车次。一般按发车顺序编列车车次，上行采用双数，下行采用单数，同时按不同的列车类别规定代号与列车号。

💡 知识拓展

重庆市轨道交通跨座式单轨系统采用一分格列车运行图，以 5s 为最小时间单位，用特定符号表示 0、5s、10s、15s …… 和 55s。

上行列车的到、开符号画在站名线下方；

下行列车的到、开符号画在站名线上方。

列车运行图中站名线的确定方法有两种：

第一种是按区间里程的比率确定，即按整个区段内各车站间实际里程的比率来画横线，每一横线即表示一个车站的中心线。采用这种方法时，运行图上站名线间的距离能明显地反映出站间距离的大小。但由于各区间线路的平面和纵断面情况不一，列车运行速度有所不同，列车在整个区段上的运行线往往是一条斜直线，即不整齐，也不容易发现铺画中的错误。所以，一般不采用这种方法。

第二种是按区间运行时比率确定，即按整个区段内新型（或上行）列车在各区间运行时分（当上下行运行时分差别较大时，可加以调整）的比率来画横线。采用这种方法时，可以使列车在整个区段的运行线基本上是一条斜直线，既整齐美观，又便于发现运行时分上的问题，所以多采用此法。如图 2-7 所示，甲—乙区段下行方向列车运行时分共计 100min。作图时首先确定甲、乙的位置，然后在代表乙站的横线上向右截取相等于 100min 的线段，得 F 点。连接甲、F 两点，得一斜直线。最后按照下行列车在各区间的运行时分标出各车站的位置，通过这些点，即可画出代表 A、B、C、D 车站的横线。

三、列车运行图的分类

1. 按时间轴的刻度划分

列车运行图按时间轴的刻度划分，可分为一分格运行图、二分格运行图、十分格运行图和小时格运行图。

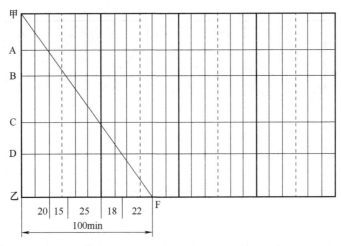

图 2-7 按区间运行时比率画站名线例图

（1）一分格运行图 它的横轴以 1min 为单位用细竖线加以划分，10 分格和小时格用较粗的竖线表示，主要适用于行车间隔较小的城市轨道交通系统。

（2）二分格运行图 它的横轴以 2min 为单位用细竖线加以划分，适用于行车间隔稍大的城市轨道交通系统。

（3）十分格运行图 它的横轴以 10min 为单位用细竖线加以划分，半小时格用虚线表示，小时格用较粗的竖线表示，适用于市郊铁路和城际铁路等轨道交通系统。

（4）小时格运行图 它的横轴以 1 小时为单位用竖线加以划分，主要在编制旅客列车方案图和车底周转图时使用。

2. 按使用范围划分

列车运行图按使用范围划分，可分为工作日运行图、双休日运行图和节假日运行图。

（1）工作日运行图 该运行图是根据每周工作日出现早晚 2 个高峰的客流特征而编制，主要满足城市居民上下班（学）的出行需求。

（2）双休日运行图 在每周的双休日出现的早晚高峰并不明显。根据城市轨道线路沿线分布不同特征，全日客流较工作日也有所减少或增加，该运行图是根据双休日实际客流特征而编制。

（3）节假日运行图 节假日主要指元旦、春节、清明节、五一劳动节、端午节、中秋节和国庆节等法定节假日。节假日期间，在连接商业网点、旅游景点的轨道交通线路上，客流往往会有所增加。节日前的晚高峰小时客流会大于一般工作日早晚高峰小时客流。所以，从运营经济性考虑，应根据不同的客流量编制不同的运行图满足运量需求。

（4）其他特殊运行图 该运行图通常因举办重大活动、遇天气骤变而引起短期性客流的激增而编制的特殊运行图，或因新线开通设备调试、运行演练而编制的演练运行图等。

3. 按区间正线数划分

列车运行图按区间正线数可分为单线运行图、双线运行图及单双线运行图。

（1）单线运行图 在单线区段采用的运行图，列车的上下行都在一条正线上进行，列车的交会只能在车站进行。在城市轨道交通中，单线运行图很少采用，只有在非正常情况下的运行调整期间，或者在运量较小的市郊铁路使用，如图 2-8 所示。

（2）双线运行图 如图 2-9 所示，在双线区段，上下行列车在各自的正线上运行，运行

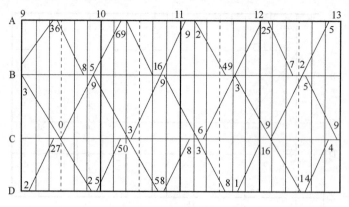

图 2-8　单线运行图

互不干扰，可以在区间内或车站上交会，城市轨道交通系统一般都设有双线，采用双线运行图。

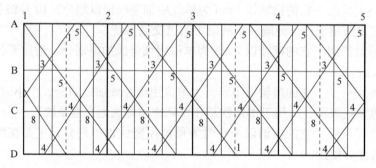

图 2-9　双线运行图

（3）单双线运行图　在单线区段和双线区段各按单线运行图和双线运行图的特点铺画运行线，它兼有单线运行图和双线运行图的特征，如图 2-10 所示，在城市轨道交通线网中只在非正常的情况下的列车运行调整期间使用。

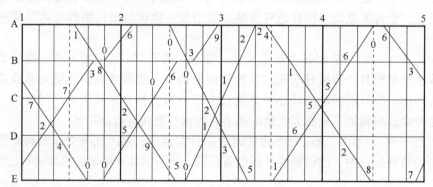

图 2-10　单双线运行图

4. 按列车之间运行速度差异划分

列车运行图按列车之间运行速度划分，可分为平行运行图和非平行运行图。

（1）平行运行图　在同一区间内，同一方向列车的运行速度相同，且列车在区间两端站的到、发或通过的运行方式也相同，因而列车运行线相互平行，一般地铁、轻轨采用此类型，如图 2-11 所示。

（2）**非平行运行图**　在运行图上铺有各种不同速度的列车，且列车在区间两端站的到、发或通过的运行方式不同，因而列车运行线不相平行，一般市郊轨道交通采用此类型，如图 2-12 所示。

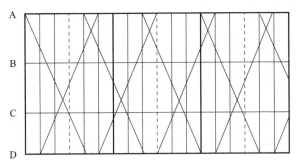

图 2-11　平行运行图

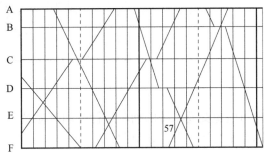

图 2-12　非平行运行图

5. 按照上、下行方向列车的数目划分

列车运行图按照上、下行方向列车的数目划分，可分为成对运行图和不成对运行图。

（1）**成对运行图**　同一区段内，上、下行方向列车数目是相等的。

（2）**不成对运行图**　同一区段内，上、下行方向的列车数目是不相等的。

城市轨道交通上、下行两个方向列车数量基本相等，因此大多采用成对运行图，只有在上、下行两个方向运量不相等的个别区段才采用不成对运行图。

6. 按照同方向列车运行方式划分

列车运行图按照同方向列车运行方式划分，可分为连发运行图和追踪运行图。

（1）**连发运行图**　在这种运行图上，同方向列车以站间区间为间隔连发运行，在双线区段上、下行列车各自连发运行，在单线区段采用这种运行图时，在连发的一组列车之间不能铺画对向列车。由于城市轨道交通基本都采用双线自动闭塞，因此，这种运行图很少采用，只有在非正常行车或运行调整时使用，如图 2-13 所示。

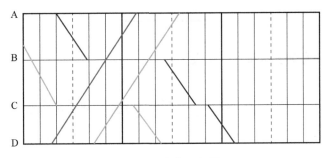

图 2-13　连发运行图

（2）**追踪运行图**　在这种运行图上，同方向的列车是以闭塞分区为间隔运行，一个站间区间内允许同时有几个列车按追踪方式运行，如图 2-14 所示。

上述分类都是针对列车运行图的某一特点对列车运行图加以区别的，实际上，每张列车运行图都具有多方面的特点。例如，某一区段的列车运行图可能是双线的、平行的、追踪的。

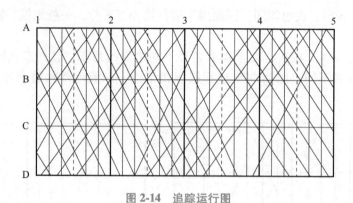

图 2-14　追踪运行图

城市轨道交通系统的列车运行图因其系统特征所致，正常情况下，一般均为双线、成对、追踪、平行运行图。在节假日、双休日、工作日使用的运行图则反映了不同的客流特点。

四、运行图符号

列车运行实际图是记录列车运行实际情况的图表，它采用不同的线条表示列车运行的有关信息，国内部分城市轨道交通一般采用如下的表示方法。

1）列车运行图上列车运行线符号，见表 2-8。

表 2-8　列车运行图上列车运行线符号

列车种类	符号	说明
客运列车		红色实线
临时加开列车		红色虚线
专运列车		红色实线加箭头
排空列车		红色实线加圆圈
救援列车		红色实线加叉
调试列车		蓝色实线
施工列车		黑色实线

2）列车运行图的有关表示符号，见表 2-9。

表 2-9　列车运行图有关表示符号

序号	列车运行图上的表示符号	表示意义
1		列车始发
2		列车终到
3		列车由邻线转来
4		列车开往邻线

（续）

序号	列车运行图上的表示符号	表示意义
5	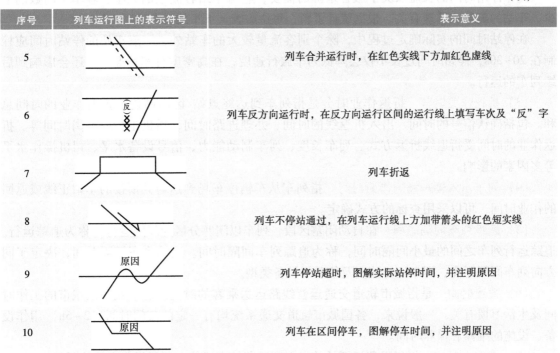	列车合并运行时，在红色实线下方加红色虚线
6	（反）	列车反方向运行时，在反方向运行区间的运行线上填写车次及"反"字
7		列车折返
8		列车不停站通过，在列车运行线上方加带箭头的红色短实线
9	原因	列车停站超时，图解实际站停时间，并注明原因
10	原因	列车在区间停车，图解停车时间，并注明原因

注：列车早点红笔画圈，圈内注明早点时分。列车晚点蓝笔画圈，圈内注明晚点时分，晚点原因应简略注明；有关施工、封锁线路、设备故障、控制权下放等要在运行图中注明事项和原因。

五、列车运行图基本要素

城市轨道交通列车运行图组成要素分为三类：时间要素、数量要素、其他相关要素，这是编制列车运行图的基础和前提。

1. 时间要素

（1）区间运行时分 区间运行时分是指列车在两相邻车站之间的运行时间标准，即列车由某站起动不再停车，按规定速度运行至另一站完全停稳这一系列作业所需要的时间。这个时间的确定是以牵引计算为理论依据，并结合查标和列车试运行的方法进行确定。

此外，列车区间运行时分还应根据列车在每一区间的两个车站上不停车通过和停车两种情况分别查定。列车不停车通过两相邻车站所需的区间运行时分称为纯运行时分。因列车到站停车和停站后出发而使区间运行时分延长的时分称为停车附加时分和起车附加时分。起停车附加时分应根据列车种类以及进出站线路平面、纵断面条件，分别计算查定。因此，列车区间运行时分有四种情况，即通通、通停、起通、起停，如图 2-15 所示。

（2）停站时间 指列车停站作业（包括加减速、开关车门），乘客上、下车等所需要时间的总和。

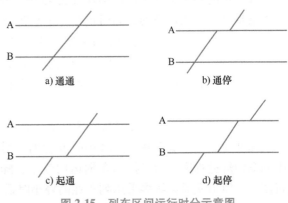

图 2-15 列车区间运行时分示意图

列车停站时间的长短取决于旅客乘降的需要，它与车站客流量的大小、客车车门数的多少、车站的疏导和管理有关。根据统计资料，每位旅客上下车约需 0.6s。

在停站时间的实际确定过程中，除个别客流量较大的车站外，一般车站的停站时间应控制在 20~30s，停站时间过长不仅会降低列车旅行速度，在高密度行车情况下，还会影响到后续列车的运行。

（3）折返作业时分　折返作业时分是指列车到达终点站/区间站进行折返作业的时间总和。包括确认信号的时间、出入折返线的时间、办理进路时间、司机走行或换岗时间等。折返作业的时间受折返线折返方式、列车长度、列车制动能力、信号设备水平、司机操作水平等多因素的影响。

（4）列车出入停车场的作业时间　指列车从车辆停车场到达与其衔接的车站正线或返回的作业时间，可以采用查标的方式确定。

（5）追踪列车间隔时间　在自动闭塞区段，列车以闭塞分区为间隔运行，称为追踪运行。追踪运行列车之间的最小间隔时间，称为追踪列车间隔时间。追踪列车间隔时间，决定于同方向列车间隔距离、列车运行速度及信联闭设备类型。

（6）营运时间　是指城市轨道交通运营线路运送乘客的时间。它一般和该城市的工作时间及生活习惯有关。一般说来，各国城市轨道交通系统均有一定的夜间时间（2~6h）用作设备、设施的维修和保养时间。

（7）停送电时间　指每天营运开始前送电和运营结束后停电所需操作和确认时间。

2. 数量要素

（1）全日分时段客流分布　全日分时段客流分布可根据客流的时间分布进行预测、调查分析，确定不同峰期时段的客流量。根据不同时段的客流分布特征，技术人员可对列车运行图峰期时段进行划分设置，并合理安排列车编组数、列车运行列数，作为开行不同形式运行方案（开行区间列车、连发列车）的主要依据。

（2）全日分时最大断面客流量　全日分时最大断面客流量通常是在高峰小时断面客流量的基础上，根据全日客流分布图来计算确定。若条件允许，采用分时断面客流量分布计算所得的全日分时最大断面客流量数据更为准确可靠。此数据主要是了解全日各小时最大断面出现的区间、时段及流量，在编制运行图方面做到运力与运量相匹配。

（3）满载率

1）列车满载率。列车满载率指列车实际载客量与列车定员数之比，编制列车运行图时，既要保证一定的列车满载率，使运输能力得到充分利用；又要留有一定余地，以应付某些不可测因素带来的客流量波动，同时也要考虑乘客的舒适水平。

$$列车满载率 = 实际载客量/列车定员数 \times 100\%$$

2）线路断面满载率。指在单位时间内特定断面上的车辆载客能力利用率。在实际工作中，线路断面满载率通常是指在早高峰显示，单向最大客流断面的车辆载客能力利用率，计算公式如下：

$$线路断面满载率 = 单向最大断面客流量/（客运列车数 \times 列车编组辆数 \times 车辆定员）\times 100\%$$

线路断面满载率既反映了高峰小时开行列车对最大客流断面的满载程度，也反映了乘客乘坐列车的舒适程度。为了提高车辆运用效率、降低运输成本和提高经济效益，在编制列车运行图时，轨道交通系统多采用列车在高峰小时适当超载的做法。

（4）**列车最大载客量** 列车最大载客量是指列车根据定员载客量和线路断面满载率计算的允许运送的最大乘客数，计算公式如下：

$$列车最大载客量＝列车定员×线路断面满载率$$

（5）**平均运距** 平均运距是指乘客平均乘坐距离，一般通过 AFC 系统得到。

（6）**运用车辆数** 运用车辆数是指为完成日常运输任务而配备的技术状态良好的可用车辆数。它与高峰小时开行的最大列车对数、列车旅行速度及折返站停留时间等因素有关。

（7）**备用车** 为了适应客流变化，确保完成紧急运输任务以及预防运用车发生故障，必须保有若干技术状态良好的备用车辆。备用车的数量一般控制在运用车数的 10% 左右。

（8）**出入库能力** 单位时间内通过出入库线进入运营线的最大列车数，称为出入库能力。

由于车辆段与接入车站之间的出入库线有限，加之出入库列车进入正线受正线通过能力的影响。因此，出入库能力的大小是编制列车运行图的一个重要因素。

3. 其他相关要素

相关要素是指除了时间、数量要素以外，对编制列车运行图有一定影响的因素，也需要进行一一考虑，包括与城市其他交通方式的衔接、与其他城市公共设施的衔接、列车试车作业、车辆检修作业、司机作息时间安排及车站的存车能力等。

【实践技能】

一、列车运行图编制

随着城市轨道交通客运量的增长和客流特征的变化、轨道交通系统技术设备和运输组织工作的不断改进以及列车运行速度和运营服务水平的逐步提高，另外，在现代都市中，在一年内的不同季节、一周内的不同日子、一天中的不同时段，城市轨道交通的客流都有着各自不同的变化规律。所以，在上述因素更改或变化时，就有必要重新编制列车运行图。

1. 列车运行图的编制原则

（1）**安全性原则** 保证列车运行及乘客的安全，这是编制列车运行图时必须始终坚持的原则。因此，各项编制工作都要遵守有关规章制度，严格遵守各项作业程序和列车运行图要素的时间标准及技术要求。

（2）**便利性原则** 尽量方便乘客，快捷、便利是提高城市轨道交通竞争力的重要途径。因此，应根据不同阶段客流变化规律，考虑在满足运行技术要求的前提下，尽量最大限度地在不同峰期时段选择不同发车间隔，尤其是高峰客流时段内应增加列车密度，以减少乘客候车时间；而在低谷时段安排列车运行间隔时，最大的运行图发车间隔不易过大；同时要兼顾首末班车时间与其他交通工具的衔接，保证运量的波动程度，使运行图具有一定的弹性，以适应日常运输生产和列车运行秩序变化的需要。

（3）**经济性原则**

1）在保证安全可靠的条件下，提高列车的旅行速度，缩短列车运行时间。

2）充分、有效地利用车站及线路的通过能力。

3）在保证运量需求的条件下，尽量降低列车运用车数。

（4）**均衡性原则**

1）城市轨道交通系统列车运行图的编制是一项需要考虑线路路网结构、客流特征、乘客服务、列车运用和运营调整等多因素优化的复杂工作。所以，列车运行线的铺画要做到绝对均衡几乎是不可能的，但应该尽量要求保持相对均衡，如运营经济性与服务水平高低的相对平衡，在不同的运营阶段需要考虑不同的运营目标和侧重点，建立一套整体的运营策划工作体系，来有效、持续地挖掘运输潜力。

2）在车辆段未设置试车线的情况下，列车运行图编制中需预留调试列车运行线。原则上调试运行线不允许穿插铺画在载客运营列车运行线之间。

2. 列车运行图编制时机

1）在新线试运行及试运营演练、正式开通运营时。

2）在新线或既有线、车站客流量、时段客流分布规律等发生较大变化时，如遇五一、国庆节、春节等重大节假日期间。

3）城市轨道交通系统技术设备发生较大变化时，如改变线路的运行速度、信号系统升级等。

4）运输组织方式发生改变时，如改变列车出入车辆段方式、改变折返站折返方式、改变运行交路（单一交路改为大小交路混跑）、增加新停车场投入使用、延长运营服务时间等。

5）重新调整各项行车技术作业时间标准时，如调整停站时间、压缩行车间隔、增加上线列车数等。

6）需要重新编制运行图的其他情况时。

3. 列车运行图编制资料

1）现行列车运行图执行情况的分析及改善意见。

2）现有信号系统等级下，行车设备的追踪列车间隔时间、车站间隔时间、信号进路排列逻辑关系与运行线安排的制约关系。

3）现行运行图执行期间各站 OD、全日分时段客流分布、全日分时最大断面客流量、满载率等客流数据。

4）不同性质列车在各站的停站时间标准、各区间运行时间。

5）现阶段乘务司机在正线交接班制度（包括交接班地点、交接时间标准）、折返站折返作业时间标准。

6）线路各区间允许速度、过岔速度、需限速区段及限速数据。

7）若为节假日或特殊活动的举办编制列车运行图时，需掌握节假日或举办活动（如重要赛事、演唱会，商业展览会等）的规模、持续时间和地点等资料。

4. 列车运行图编制步骤

列车运行图的编制一般由运营管理部门负责牵头组织，大致分为研究讨论、确定编制方案、基础数据计算、铺画详图、编制时刻表、模拟运行冲突检测和技术指标计算等，具体工作步骤如下：

1）按编制要求和编制目标提出编制或调整运行图的注意事项。

2）收集编图资料，对有关技术问题或运营专题组织调查研究和试验。

3）总结分析现行列车运行图的执行情况和存在问题，提出改进意见。

4）确定新图执行的列车运行方案。

5）确定新图基础运行参数。

6）征求调度、客运、乘务、车辆部门对列车运行方案和基础运行参数的意见，并根据会签意见进行有根据的调整。

7）根据列车运行方案铺画详细的列车运行图，编制列车运营时刻表。

8）在 ATS 信号系统模拟机上，对列车运行图进行模拟运行冲突检测，并进行必要的调整修改。

9）对列车运行图的编制质量和关键点进行全面检查，并计算列车运行图技术指标。

10）将编制完毕的列车运行图、运营时刻表及执行说明等报有关部门审核批准。

11）根据上级领导指示，以总公司行政发文形式将新图执行日期、运作要求进行下发执行。

5. 手工铺画列车运行图

当采用手工方式铺画列车运行图时，铺画工作一般分两步进行。第一步是确定车站中心线位置，即确定列车运行图的整体布局界面；第二步是铺画列车运行详图，即编图技术人员根据列车运行方案，将全天列车运行图分解为不同时段的列车运行线铺画子问题，然后在1分格列车运行图上一次精确铺画不同时段内每条列车运行线在各站的到达、出发和通过时刻，在折返站的停留时间等。重复上述操作，即可完成整张列车运行图的铺画工作。

由于编图工作涉及面广、制约因素复杂、编制工作量大，手工编制运行图存在以下问题：

1）手工铺画运行图周期长，不能做多方案必选和评价，运行图质量缺乏科学的保证，编图机动性差。

2）手工铺画图从资料收集、准备、铺图和调整工作的完成以及冲突检测，时刻表的转变和运行图的打印全过程中，重复劳动量大、精确度低、效率低下且出错率高。

3）手工方式调整运行图工作只能在小范围内进行，灵活性差，难以从全局出发保证整张运行图的综合效益。

4）由于铺画人员技术水平不一，所编出的运行图版式不统一、质量差别较大，尤其在临时调整运行图时，极大影响调整速度和精确度。

因此，列车运行图的编制必须摆脱依赖手工编制的落后状态，采用先进的计算机信息处理技术和网络技术，提高编图质量、加快编图速度，把编图人员从复杂、繁琐的手工劳动中解脱出来，实现列车运行图编制的现代化，实现计算机自动编制列车运行图。

6. 计算机编制列车运行图

随着城市轨道交通系统的不断建设和完善，城市轨道交通系统的范围和规模日益扩大，最终将形成城市轨道交通系统网络。列车运行图是城市轨道交通网络运营管理中的一项综合核心计划，列车运行图编制质量及速度直接关系到运营管理的效率、运输能力、服务水平及运营可靠性。因此，编辑以列车运行图为核心的运营计划更显得十分重要。

（1）计算机编制列车运行图的优点　与传统手工编制列车运行图相比，采用计算机编制列车运行图优点有：

1）提供了高效的数据处理手段，减轻了列车运行图编制和数据资料处理中的劳动强度，提高处理的速度和精确度，降低了出错率。

2）保障了列车运行图编制的科学性，提供了多方案辅助决策信息，有利于方案的评价和选择，保证了列车运行图的编制质量。

3）实现了系统资源共享，保证了编图信息的存储、传输及处理，改善了数据信息的管理和交流，实现了编图业务的整体化，提高了编图效率。

4）缩短了列车运行图编制全过程的时间，提高了城市轨道交通适应客流特征和特殊需求的应变能力，改善了城市轨道交通运营服务水平，提高了城市轨道交通运营经济效益。

5）促进了全线技术设施合理配置和设备能力的协调，有利于设备应用效率的综合发挥，有利于促进员工素质及服务水平的提高，形成人员、设备及应用间的良性循环，提高了城市轨道交通企业与公共交通企业的市场竞争力。

（2）**计算机编制列车运行图的原理** 计算机编制列车运行图系统提供了用户编制、调整运行图的平台和相关功能。从编图基础数据的录入，列车运行图的编制、调整、分析和检测，到时刻表及各种报表的自动生成、图形打印等，实现了全过程的信息化管理，所以要求用户熟练地运用这些功能。与手工编制列车运行图相比，计算机编制列车运行图的原理主要在于：将手工编制列车运行图人工需掌握的技能知识、所有与编图有关的基础数据都赋予计算机，编图人员只需根据编图要求等信息，采用人机对话方式，将列车运行图的编制、调整问题分解成若干列车运行线铺画的子问题进行反复操作，得到用户所需的列车运行图。

二、列车运行图指标检测

编制完列车运行图后，在确认列车运行图符合各项要求后，计算列车运行图指标。列车运行图的主要指标有：

1. 总开行列车数

凡列车在运营线路上行驶一个单程，无论是全程行驶还是短交路折返，均按一列计算，开行列车数按列车种类和上、下行分别计算，计算公式为

$$总开行列车数 = 载客列车数 + 空驶列车数（列）$$

2. 行车间隔

行车间隔是指列车更替时间，即两列同方向载客列车的间隔时间，可分高峰小时与非高峰小时时段分别考核，计算公式为

$$I = \frac{T_周}{N_{运用}}$$

式中 I——行车间隔（min/列）；

$T_周$——列车运行周期（min）；

$N_{运用}$——运用列车数（列）。

3. 技术速度

技术速度是指列车在线路上的运行速度。运行距离为列车单程运行所走行的路程；时间为列车在区间的运行时分，包括区间纯运行时分、起、停车附加时分，但不包括列车在车站的停站时间及在线路两端的折返时间。计算公式为

$$v_技 = \frac{L}{t_运 - t_站} \quad （km/h）$$

式中 $v_技$——列车运行技术速度（km/h）；

L——运营线路长度（km）；

$t_运$——列车单程运行时间（h）；

$t_站$——列车停站时间（h）。

4. 旅行速度（运送速度）

旅行速度（运送速度）是指列车在营业时间内走行的公里数与所消耗的时间之比。所消耗的时间包括运行时间、起、停附加时分、停站时间。旅行速度是表明列车运行图质量的一项重要指标，也是影响车辆周转和乘客送达的一项重要因素。

$$旅行速度 = \frac{线路运营长度}{单程行驶时间}(km/h)$$

5. 输送能力

输送能力的计算公式为

$$输送能力 = \sum(客运列车数 \times 列定车员)$$

6. 高峰小时运用车组数

按早、晚高峰小时分别计算。

$$N = \frac{n_{高峰}\theta_{列}m}{3600}$$

式中　　N——运用车辆数（辆）；

　　$n_{高峰}$——高峰小时开行列车数（分早高峰和晚高峰）（对）；

　　$\theta_{列}$——列车周转时间（s）；

　　m——列车编组辆数（辆）。

7. 列车周转时间

列车周转时间指运营列车从始发站发车至终点站，经终点站折返后返回至始发站，在始发站折返至发车状态这一全过程所需的时间，计算公式为

$$列车周转时间 = 单程行驶时间 \times 2 + 始发站折返时间 + 终点站折返时间$$

其中，始发站折返时间是指从列车到达始发站的时刻起，经过停站、上下客作业、折返后，至列车从始发站发出时刻结束；终点站折返时间同理；环线的折返时间即为始发站的停站时间。

8. 全日车辆总走行公里

全日车辆总走行公里是指运营列车为运送乘客在运营线路上所走行的里程，包括车辆空驶里程和由于某种原因列车在中途清客或列车在少数车站通过后仍继续载客的车辆空驶里程，其计算公式为

$$车辆总走行公里 = \sum(运营列车数 \times 列车编组辆数 \times 列车运行距离)$$

9. 车辆日均走行公里（又称日车公里）

车辆日均走行公里（又称日车公里）是指每一运用车辆每日平均走行公里数，其计算公式为

$$车辆日均走行公里 = \frac{全日车辆总走行公里}{全日运用车辆数}$$

为了评价新编列车运行图的质量，应将新图的各项指标与现有运行图的各项指标进行比较，分析各项指标提高或降低的原因。

【学习小结】

1. 列车运行图是运用坐标原理来描述列车在轨道线路运行的时间、空间关系，直观地显示出列车在各车站（车辆段）停车或通过、在各区间运行状态的一种图解形式。

2. 列车运行图按时间轴的刻度划可分为 1 分格运行图、2 分格运行图、十分格运行图和小时格运行图。

3. 按区间正线数，列车运行图可分为单线运行图、双线运行图及单双线运行图。

4. 按列车之间运行速度差异，列车运行图可分为平行运行图和非平行运行图。

5. 按照上、下行方向列车的数目，列车运行图可分为成对运行图和不成对运行图。

6. 按照同方向列车运行方式，列车运行图可分为连发运行图和追踪运行图。

7. 城市轨道交通列车运行图组成三要素：时间要素、数量要素、其他相关要素。

8. 区间运行时分是指列车在两相邻车站之间的运行时间标准，即列车由某站起动不再停车，按规定速度运行至另一站完全停稳这一系列作业所需要的时间。

9. 停站时间指列车停站作业（包括加减速、开关车门），乘客上、下车等所需要时间的总和。

10. 折返作业时分是指列车到达终点站/区间站进行折返作业的时间总和。

11. 列车满载率指列车实际载客量与列车定员数之比。

12. 列车运行图的编制原则包括安全性原则、便利性原则、经济性原则和均衡性原则。

【知识巩固】

一、填空题

1. 列车运行图按时间轴的刻度，可分为_____、_____、_____和_____。

2. 按列车运行方式不同，可将列车运行图分为_____和_____。

3. 列车运行图中，以横坐标表示时间，纵坐标表示距离为例，水平线表示_____，斜线表示_____。

4. 城市轨道交通列车运行图组成三要素为：_____、_____和其他相关要素。

5. 列车满载率是指列车实际载客量与_____之比。

6. 折返作业时包括_____、出入折返线的时间、_____、司机走行或换岗时间等。

7. 旅行速度（运送速度）：是指列车在营业时间内_____与_____之比。

二、选择题

1. 列车运行图是利用（   ）原理来表示列车运行的一种图解形式。

A. 线性原理　　　B. 坐标轴原理　　　C. 列车运行原理　　　D. 时间空间原理

2. 列车运行图的横坐标表示的是（   ）。

A. 时间　　　　　B. 距离　　　　　C. 时间等分段　　　D. 各个车站中心线的位置

3. 2 分格运行图，它的横轴以（   ）为单位用竖线进行等分。

A. 2min　　　　　B. 1min　　　　　C. 10min　　　　　D. 1h

4. （   ）是根据每周工作日出现早晚两个高峰的客流特征而编制的，主要满足城市居民上下班的出行需求。

A. 工作日运行图　　　　　　　　　B. 双休日运行图

C. 节假日运行图　　　　　　　　　D. 其他特殊运行图

5. 下列不属于城市轨道交通列车运行图的是（   ）。

A. 单线运行图　　　　　　　　　　B. 双线运行图

C. 追踪运行图　　　　　　　　　　D. 平行运行图

6. 下列图示中表示列车始发的是（ ）。

A.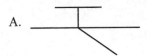

B.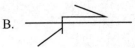

C.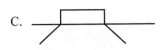

D. 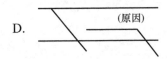 （原因）

7. 列车停站时间的计算公式是（ ）。

a. 开关门时间（s）

b. 每列客车在车站上的停留时间

c. 列车区间运行时分

d. 乘客上、下车时间

A. a+b+c   B. a+b+d   C. a+c+d   D. a+b+c+d

8. 在实际列车运行图中，红色实线表示（ ）。

A. 救援列车   B. 调试列车   C. 故障列车   D. 客运列车

9. 计算全日车辆总走行公里时，不需要以下哪个数据？（ ）

A. 旅客列车数

B. 编成辆数

C. 列车运行距离

D. 全日营业时间

三、简答题

1. 简述列车运行有哪几种分类方式，分别适用于哪种情况。

2. 简述列车运行图的基本要素。

3. 列车技术速度和列车旅行速度有什么区别？分别如何计算？

4. 请分析本题图中（图 2-16）列车运行图的类型，并写出按该图行车时 b 站下行发车时刻表和 c 站上行发车时刻表。

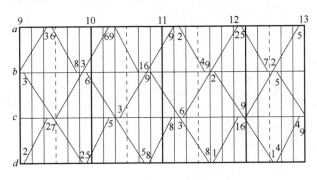

图 2-16 列车运行图

项目三

行车调度指挥工作

【情景导入】

1. 事件概述

某日早晨 6 时 50 分，某城市地铁 1 号线列车自动监控子系统出现故障，系统不断自行重启。车站 LOW 工作站也不断报警，且不断显示远程终端单元未激活，正线列车车次无法显示，列车在车站运营停车点无法取消，收不到速度码。部分列车无线调度台在 1 号线和 2 号线之间不断转换。7 时 16 分，经维修人员处理后，列车自动监控子系统恢复正常，到 8 时整全线列车调整完毕，恢复正常运行。

2. 事件影响

事发期间是列车刚开始投入运营的初期，事件导致两列列车改变始发站；另外，事件还造成多列次列车晚点（由于车站、司机及调度记录情况不够详细，事故后只统计了两列次晚点，其中最长时间的晚点为 9min）。

3. 事件分析

1）故障发生后，控制中心没有及时将故障情况通报全线车站及司机，车站不断打电话询问发生了什么事。因为自地铁开通以来未出现过同类故障，所以部分联锁站未记录列车到达车站的时间，也未向调度员报点，调度员无法手工画图。由于处理规程没有具体车次人工修改的规定，司机人工输入车次时只能求助调度员，这就会造成在整个处理过程中调度员只忙于电话联系，没有很好地做出处理决策。

2）列车自动监控子系统故障在运营中较少出现，虽然相关故障的处理都有预案，但由于对细节不够清楚，平时演练也不够深入，通报又不及时，导致整个处理过程比较混乱。因为轨道交通系统比较先进，正常情况下行车组织工作相对简单，对各行车岗位的要求也较低，所以员工过于依赖系统设备，在故障率较低的系统出现故障后不能及时和妥善处理。

行车调度指挥工作是城市轨道交通行车组织工作的主体，担负着组织行车、提高运营服务质量、确保运输安全、完成乘客运输计划、实现列车运行图的重要责任。本项目主要介绍行车调度指挥及调度统计与分析相关内容。

任务一　行车调度指挥

【任务描述】

行车调度指挥对城市轨道交通日常工作的开展起决定性作用，是整个运输组织过程中不可缺少的核心组成部分。本任务从行车调度机构及岗位职责、行车调度组织工作及行车调度命令进行详细介绍。

【学习目标】

知识目标	技能目标	素养目标
1. 熟悉运营指挥中心行车调度设备； 2. 掌握车站行车调度设备； 3. 掌握车辆段行车调度设备； 4. 掌握不同列车运行方式。	1. 能够根据不同情况进行列车运行调整； 2. 能够根据不同情况下达调度命令； 3. 能够正确填写调度命令单。	1. 培养学生在城市轨道交通行车调度工作中的严谨性； 2. 注重城市轨道交通行车调度工作调度命令的操作规范性，具备一定责任意识。

【理论知识】

一、行车调度相关设备

一般情况下城市轨道交通都设有运营控制中心（或称调度指挥中心），控制中心的调度设备是各工种调度员进行生产调度的工具，各工种调度员须能正确使用、熟练操纵设备，保证正常运营。

1. 运营控制中心（OCC）行车调度相关设备

（1）模拟显示屏 城市轨道交通运营控制中心一般装有行车、供电、环控中央监控终端设备，各模拟显示屏能够显示现场（车站、车辆段）设备的使用和占用情况，包括列车运行状态、供电系统情况和车站环控设备工作情况，如图 3-1 所示。

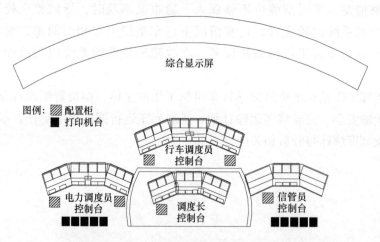

图 3-1　调度指挥中心布置示例

综合显示屏显示内容主要包括信号平面布置、各站及区间线路布置、列车车次及其运行状态，如图 3-2 所示。

（2）中央级监控系统 控制中心的工作台分别设置了列车自动控制系统、自动售检票终端监控系统、通信系统、电力监控系统、防灾报警系统等操作设备，供有关人员操控及监察日常客运作业及处理故障和事故。

在 OCC 装有列车运行自动监控系统（ATS）和中心工作站系统（CLOW）。ATS 分为监视

图 3-2　调度指挥中心示意图

和控制两部分，监视部分能显示进路、信号状况以及列车运行的实际情况；控制部分能按计划运行图自动控制各车站的进路排列、信号开闭，能自动控制全线各车站的发车计时器、乘客向导牌和 PIS 系统的显示，如图 3-3 所示。

图 3-3　调度指挥中心监控系统

（3）通信设备　控制中心的通信设备主要有调度电话、无线调度电话和中央广播设备等。

1）调度电话。调度电话是为列车运行、电力供应、维修施工和发布命令等提供指挥手段的专用通信工具，包括调度直通电话和公务电话等。

控制中心设置有防灾调度、行车调度及电力调度直通电话。调度直通电话具有单呼、组呼、全呼、紧急呼叫和录音等功能；各工作台设置有数字话机（ISDN），可实现与其他部门的通信；还具有会议电话功能以及来电显示、呼叫转移等业务，如图 3-4 所示。

2）无线调度电话。包括无线调度台和手持台。

① 无线调度台：值班调度主管工作台及行车调度员工作台均需设置无线调度台（互为备用）。可对列车司机、站场无线工作人员实施无线通信，该设备应具有组呼、紧急呼叫、录音、私密呼叫及对列车进行广播等功能。

② 手持台：控制中心配备多部手持台，用于无线调度台故障时的备用设备，分为车站台、

图 3-4　调度电话

维修台与电力调度台等，在日常交接班时需保持手持台处于良好状态。

3）中央广播设备。值班调度主管、行车调度及电力调度工作台分别设置广播控制台，可对各车站、停车场和车辆段等相关单位进行广播，具有人工和自动广播两种模式，并可指定区域广播。

2. 车站行车调度相关设备

（1）**车站级监控系统**　联锁集中站的车站级 ATS 工作站能对本联锁区内的车站线路、道岔、信号机及列车状态进行监控。

有的车站采用的是本地控制工作站（LOW）设备，当中央级 ATS 失效时，由行车调度员授权车站行车值班员在本地控制工作站（LOW）上排列行车进路，组织列车运行，如图 3-5 所示。

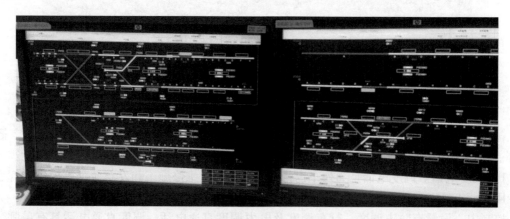

图 3-5　本地控制工作站（LOW）

（2）**IBP 盘**　车站控制室设置有综合应急后备盘（简称 IBP 盘），如图 3-6 所示，它是主控系统的后备设备。IBP 盘设置在车站控制室，当中央级设备发生通信故障或在车站级设备发生人机界面故障时，作为在紧急情况下使用的设备。

目前的 IBP 盘系统综合了以前 LCP 控制盘功能，能够在发生紧急情况下对上下行列车进行扣车、取消扣车以及紧急停车操作，同时 IBP 盘还包括了对车站扶梯的监控、防灾报警、环控与通风系统、上下行站台门的打开与关闭操作。

图 3-6　IBP 盘

另外，在站台上一般设置有紧急停车按钮，用于站台人员在突发情况下，及时扣停列车。当站台发生紧急情况时，车站站务人员需用力敲碎紧急停车按钮外侧塑料壳，并按压红色紧急停车按钮（3s 以上），便会将列车扣停在车站或阻止列车进入站台区域。

（3）CCTV 监控系统　为了确保列车的运行安全，及时向有关人员提供车站各部位的安全情况和客流、列车停站、启动，车门开启关闭等信息，在各车站设置了闭路电视监控系统。车站上下行站台都配置有固定摄像机，车站控制室内备有显示器以及图像选择设备，可以自由监控车站内各摄像头的显示情况。站台头端处也设置有显示器，方便司机观察本侧乘客上下车情况以及站台安全情况，如图 3-7 所示。

图 3-7　CCTV 监控系统

（4）车站有线调度电话　车站控制室配备有线调度电话，实现与行车调度员、相邻车站等行车岗位进行通话的功能。

（5）车站广播　车站控制室配备车站广播系统，具备对车站进行广播的功能。

3. 车辆段行车调度相关设备

（1）信号联锁设备（图 3-8）

1）车场 ATS 工作站。车场调度员配备有车场 ATS 工作站，实现对车场内全部列车的监视和控制。

2）微机联锁系统。保证道岔、轨道区段、ATP 信号间正确的联锁关系，完成车场管辖范围内所有线路、道岔的进路排列功能。

3）应急台。作为一种应急状态下的备用控制方式，当联锁系统发生故障后投入使用，可以通过应急台单独操作道岔，操作道岔后，需要人为确认道岔位置。

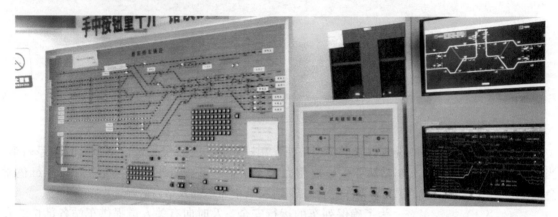

图 3-8　信号联锁设备

（2）通信设备

1）有线调度电话。车场调度员、车场值班员配备有线调度电话，实现相互间及与行车调度员、派班员等岗位进行通话的功能。

2）无线手持台。车场调度员、车场值班员配备无线手持台，无线手持台具备强大的呼叫功能，实现相互间及与行车调度员、电客车司机、工程车司机、车场内施工负责人等的组呼、选呼、紧急呼叫等功能。

二、行车调度组织方式

由于城市轨道交通运行控制设备正逐步向自动化、远程化、计算机化发展，行车调度工作也逐步由人工控制方式向电子调度集中和行车指挥自动化控制系统发展。

1. 行车指挥自动化控制系统

行车指挥自动化控制系统是目前城市轨道交通采用的主要列车运行方式，它是利用计算机技术对列车实行自动指挥和自动运行监护，并利用列车自动防护（ATP）系统保证列车运行安全。在正常情况下，系统能够根据列车运行图自动排列车站的接发车进路。列车运行一般采用 ATO 系统模式，必要时转换人工控制，列车占用区间的凭证为列车收到的速度码。列车自动防护（ATP）系统为列车运行安全提供保证，使前后列车保持必要的间隔。

2. 调度集中指挥系统

调度集中指挥系统由控制中心的调度集中总机、进路控制终端、显示盘和列车运行记录仪、闭塞设备、调度集中分机和数据传输设备以及联锁设备等组成。由行车调度员人工排列列车进路，组织指挥列车运行。

控制中心行车调度员利用集中设备，对车站上列车的到、发、通过、折返等作业进行远程控制和调整。行车调度员是唯一的行车指挥者和操作者，车站一般不参与行车指挥工作，只是对有关作业进行监督。必要时，由调度集中控制改为车站控制，即将列车运行进路排列权限下放给车站，由车站值班员操作。

3. 人工调度指挥系统

人工调度指挥系统由控制中心（OCC）的调度监督设备、显示盘、闭塞设备、车站终端和数据传输设备以及联锁设备等组成。人工调度指挥系统只起监督作用，不具备直接控制功能。主要由行车调度员通过调度电话向行车值班员直接发布指令，由车站行车值班员排列接发列车进路，行车调度员通过与行车值班员的联系掌握列车到达、出发信息，下达列车运行调整的调度命令。行车调度员通过无线调度电话呼叫列车司机，发布调度指令，指挥列车运行。列车运行图由行车调度员手工绘制。这种方式通常在线路开通初期设施设备尚未到位等特殊情况下才会采用。

【实践技能】

一、列车运行调整

由于设备故障、乘降拥挤、途中运缓或作业延误等原因，难免会出现列车运行晚点的情形。此时，行车调度员应根据列车运行的实际情况，按恢复正点和行车安全兼顾的原则，根据规定的列车等级进行运行调整，尽可能在最短时间内使晚点列车恢复正点运行。列车运行调整分为自动列车运行调整和人工列车运行调整。

1. 自动列车运行调整

自动列车运行调整是行车指挥自动化的重要功能，启用该功能时，ATS 系统能够根据列车运行图中的运行计划，实时对早、晚点时间在一定范围内的图内列车自动进行列车运行调整。自动列车运行调整最主要是通过控制列车的停站时间和列车运行等级来实现。

针对列车运行偏离列车运行图的各种可能，ATS 系统设置了太早、很早、早点和太晚、很晚、晚点以及最大、最小停站时间参数，详见表 3-1。系统计算列车实际到站时间与列车图定到站时间的差值，并将此差值与上述六种参数进行比较，根据比较结果确定列车运行调整方法。

表 3-1　列车运行调整比较参数取值

参数	取值/s	参数	取值/s
太早	90	太晚	90
很早	60	很晚	60
早点	10	早晚	10
最大停站时间	60	最小停站时间	20

（1）列车运行等级　列车运行等级设置如下：

1）运行等级 1。ATS 限速等于 ATP 限速，列车在 ATS 限速±2km/h 范围内调速。

2）运行等级 2。ATS 限速等于 ATP 限速，但列车经过惰行标志线圈后，如列车速度高于 30km/h 时，应惰行进站停车；列车速度低于 30km/h 时，可提速至 30km/h 运行。

3）运行等级 3。除 ATP 限速为 20km/h 和 30km/h 外，ATS 限速等于 ATP 限速的 75%。

4）运行等级 4。ATS 限速等于 ATP 限速的 65%。

正常情况下，系统将列车运行等级设置为运行等级 2。

（2）列车运行调整方法　ATS 子系统计算列车实际到站时间与列车图定到站时间的差值，并将差值与表 3-1 中的参数值进行比较，根据比较结果确定列车运行调整方法。

1）在早于太早和晚于太晚时，系统不能进行自动列车运行调整。

2）在早点与晚点之间时，系统不进行列车运行调整。

3）在太早与很早之间时，列车降低一个运行等级，调整列车停站时间。

4）在很早与早点之间时，列车运行等级不变，调整列车停站时间，停站时间改为图定停站时间加上早点时间，但调整后的列车停站时间不大于列车最大停站时间。

5）在晚点与很晚之间时，列车运行等级不变，调整列车停站时间，停站时间改为图定停站时间减去晚点时间，但调整后的列车停站时间不小于列车最小停站时间。

6）在很晚与太晚之间时，列车升高一个运行等级，调整列车停站时间。

2. 人工列车运行调整

在列车早点早于太早、晚点晚于太晚时，由行车调度员进行人工列车运行调整。行车调度员可在自动调整模式下进行人工列车运行调整，此时，人工调整优先于自动调整，但人工调整时设定的列车停站时间和列车运行等级仅对经过指定车站的指定列车一次有效。当该次列车经过指定车站后，系统将自动恢复对经过该站的后续列车进行自动列车运行调整。在列车运行秩序较紊乱时，应退出自动调整模式，进行人工列车运行调整。待列车运行基本恢复正常后，再使用自动调整模式。

在自动调整模式下，人工列车运行调整的措施有：

（1）设置列车停站时间　人工调整列车停站时间，仅对经过指定车站的指定列车一次有效。

（2）设置列车运行等级　行车调度员可将初始设定的运行等级 2 改设为其他运行等级。列车运行等级的设置可由行车调度员在工作站上进行，也可由行车调度员命令司机在当次列车上进行。行车调度员的设置只对指定列车一次有效。

（3）设置列车跳停　列车跳停是指图定停站列车在车站上不停车通过。列车跳停设置可由行车调度员在工作站上进行，也可由行车调度员指令司机在当次列车上进行，前者称为中央设置，后者称为列车设置。列车跳停设置仅对 ATO 自动驾驶的列车有效。中央设置在列车由前一车站发车前设置才有效。中央设置可对若干个车站同时设置跳停，但对允许设置跳停的车站有所限制。中央设置不能设置一个列车在两个车站连续跳停。

列车设置根据调度命令进行，在列车到达跳停站以前设置有效。列车设置对允许设置跳停的车站没有限制，列车设置具有连续设置跳停功能，但每次设置跳停只对下一站有效。

为保证一定的服务水平和行车安全，规定如下：

1）一般情况下不办理列车跳停通过。

2）广播故障的列车不办理列车跳停通过。

3）图定首、末班列车不办理列车跳停通过。

4）特殊情形外，客流较大车站不准列车跳停通过。

5）一个车站不允许连续两个列车跳停通过。

6）一列车不允许连续跳停通过两个车站。

7）列车通过车站的速度遵循"行车组织规则"的规定。

（4）实施扣车　当一条线路的列车由于车辆及其他设备故障或某种原因不能正常运行，造成换乘站站台上乘客拥挤时，行车调度员应采取扣车措施，即将另一条线路的上下行列车扣车在换乘站附近的各个车站，以缓解换乘站的压力。实施扣车是指使发车表示器不显示，列车不能发车。

行车调度员实施扣车应在列车到达指定站台停稳，并在发车表示器闪光前完成。如遇列车运行秩序紊乱，需要对多个列车分别在各站进行扣车时，行车调度员应及时命令司机在指定车站扣车，扣车时间一般应控制在 10min 以内。

（5）**其他措施**　在人工调整模式下，除采用上述列车跳停、扣车等运行调整措施外，其他人工列车运行调整的措施还有：

1）调整列车在始发站的出发时刻。

2）组织列车加速运行。采用此措施应充分考虑车辆技术状态、司机驾驶水平和线路允许速度，确保行车安全。

3）组织乘客快速乘降，压缩列车停站时间。

4）加开备用车。当出现列车晚点、客流异常、列车故障等情况时，可以使用加开备用车的调整方法。备用车可以从自备车停车线或车库进入正线投入运营，从而提高运能，解决运输瓶颈。

5）更改列车运行交路。当有些故障持续时间比较长，有可能造成线路的堵塞时，在列车自动功能良好区段运行的列车可采取分段小交路运行，组织列车在具备条件的中间站折返。

6）组织列车反方向运行。一般情况下，城市轨道交通线路均为双线设置，上下行列车各自运行，互不影响。列车反方向运行主要应用于特殊情况下的列车运行调整以及救援列车的开行。

7）停运部分列车。由于故障区段列车运行速度低、办理作业时间长，而 ATC 正常区段列车运行速度高、行车作业时间短，势必造成列车堵塞的情况。为尽快恢复正常运行秩序，行车调度员可根据实际情况抽调部分列车下线，这样即方便调度指挥，又方便客流组织。

二、行车调度命令

在组织列车运行的过程中，行车调度员按规定在进行某些行车作业时需发布调度命令，以显示行车调度员的指令在指挥列车运行过程中的严肃性和强制性。在发布调度命令前，行车调度员应详细了解现场实际情况，听取有关人员的汇报，按有关规定发布调度命令，各有关行车人员接到调度命令后，必须严格执行。

1. 调度命令的分类

调度命令是在组织指挥列车运行过程中，在进行某些行车作业时，由调度员所发布的指令。调度命令样式见表 3-2。

表 3-2　调度命令样式

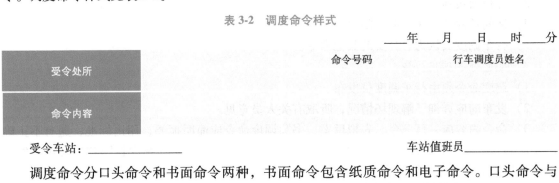

调度命令分口头命令和书面命令两种，书面命令包含纸质命令和电子命令。口头命令与书面命令虽然形式不同，但具有同样的严肃性，均须做到规范发令、严格执行。

（1）**口头命令**　口头命令是向受令对象直接发布的短期性指令；口头命令要素包含命令号码、命令内容、受令人，发令人应使用普通话和行车标准用语，受令人要复诵命令内容。

（2）**书面命令**　书面命令是向受令对象以书面形式发布的有较长时效的指令，发至列车司机的书面命令由车站值班员或车场调度员送达列车司机。书面命令要素包含发令日期、时间、命令号码、发令人、命令内容、受令人。

书面调度命令必须填写"调度命令登记簿",见表3-3。

表3-3　调度命令登记簿

日期	命令				复诵人姓名	接收命令人签名	行车调度员姓名	阅读时刻（签名）
	发令时间	号码	受令处所	内容				

口头命令采用应答复诵制,必须通过具备录音功能的通信设备发布;录音设备故障情况或特殊情况下,调度命令须采用书面形式发布。

2. 需发布调度命令的情况

各个城市运营体系不同,在须发布口头命令和书面命令的使用条件区分上不完全一致,下面以某地铁公司为例说明两种调度命令的使用范围。

（1）发布口头命令的内容

1）临时加开或停运列车。

2）列车退行。

3）停站列车临时变通过。

4）列车中途清客。

5）变更列车进路。

6）行车调度员认为有必要的其他命令。

（2）发布书面命令的内容（可先用口头命令,事后补发书面）

1）封锁或开通区间。

2）停用或恢复基本闭塞法。

3）开行救援列车。

4）区间长时间限速及取消限速。

5）行车调度员认为有必要的其他命令。

3. 调度命令发布要求

1）调度命令须由行车调度员发布。

2）发布前应详细了解现场情况,听取有关人员意见。

3）命令内容应一事一令。先拟后发,书写调度命令应简明扼要、用语标准,遇有不正确的字应圈掉后重新书写,对涉及邻调度区的重要调度命令,应取得调度长同意后发出,发令时应口齿清晰、语速中等。

4）受令处所若为沿线各站,应根据标准填记车站全称或采用标准缩写站名。

5）发令人、受令人、复诵人、复核人必须填写全名。

6）命令中空缺的内容应正确填写,做到不随意涂改,如调度命令内容与固定格式中虚体字内容相吻合时,应及时描实,不需要的虚体字内容用横线划掉。

7）下达命令时，命令号每月由 001 至 100 顺序循环使用，每一个循环不得漏号、跳号、重号使用，发令日期、发令时间按实际发令时间填写，并如实记录在调度命令登记簿上，不得随意涂改，如有涂改，应由发布命令的调度员盖章确认，发布调度命令后，应及时将调度命令按照顺序号装订成册，做到不遗漏，不颠倒顺序。

8）在日常执行中如无法及时把调度命令交付司机，应适时完成补交手续。

9）调度电话、无线调度电话用于行车工作联系，需使用标准用语，数字发音标准见表 3-4；

10）行车调度员应掌握工程列车的运行，了解装卸作业进度，检查工程列车进出作业区域的情况，确保行车安全。

11）同时向多人或多站发布口头调度命令时，行车调度员应指定一人复诵，并认真核对受令人员的复诵内容，发现错误及时更正；受令人在接收命令时，如有遗漏或不清楚之处，应及时向行车调度员核对、更正。

表 3-4 数字发音标准

1	2	3	4	5	6	7	8	9	0
yāo	liǎng	sān	sì	wǔ	liù	guǎi	bā	jiǔ	dòng
幺	两	三	四	五	六	拐	八	九	洞

4. 调度命令的编制与下达

（1）调度命令号码的编制 调度命令号码的编制应按不同工种分别编号，行车调度命令号码按日循环，其他工种调度命令按月循环。调度命令日期的划分，以 00：00 为界。各级调度命令的保存期限至少（国际规定）为 1 年。

为了使行车调度命令发布规范化、用语标准化，调度命令内容更加准确、简练、清晰、完整，从而提高工作效率，确保安全生产，各轨道交企业均对常用的行车调度命令格式和用语进行统一，目的是强化发布调度命令的标准化作业，保证行车安全。

（2）口头命令的标准格式及内容编制 口头命令可不签阅，发布时应用语规范、口齿清晰、语速适中。

1）列车清客。

"命令号____，准____站（至____站）上/下行____次____号车，____站清客。"

2）载客通过。

"命令号____，准____站（至____站）上/下行____次____号车，____站（至____站）上/下行载客通过。"

3）列车退行。

"命令号____，准____站（至____站）上/下行____次____号车，退行至____处/站（上下客）。"

示例如下：

① 行车调度员："命令号码 321，01103 次 A 站广播清客"。

司机："01103 次 A 站广播清客，01103 次司机明白"

② 行车调度员："01103 次 B 站停站超时，晚点 1 分 20 秒，注意运行"。

司机："01103 次注意运行，司机明白"。

（3）书面命令的标准格式及内容编制

1）限速命令。

受令者：××站至××站，××运转

内容："自____时起，至____时止，____站至____站上（下）行线列车限速____ km/h 运行。"

2）取消限速命令。

受令者：××站至××站，××运转

内容："自____时起，取消____站至____站上（下）行线列车限速____ km/h 运行。"

3）封锁区间命令。

受令者：××站至××站，××运转

内容："____站至____站间____行线因____原因，自____时____分（____次列车到达____站）起区间封锁。

4）开通区间命令。

受令者：××站至××站，××运转

内容：根据_____报告，____站至____站间____行线____完毕，区间空闲，自____时____分（____次列车到达____站）起区间开通。

5）停用基本闭塞法命令。

受令者：××站至××站，××运转

内容：____站至____站间____行线因____原因，在____时____分（____次列车到达____站）起，区间空闲，基本闭塞设备故障停用，改用电话闭塞法行车。

6）恢复基本闭塞命令。

受令者：××站至××站，××运转

内容：____站至____站间____行线，基本闭塞设备修复，自____时____分（____次列车到达____站）起，区间空闲，恢复基本闭塞法行车。

7）反方向运行命令。

受令者：××站至××站，××运转

内容：经查明，____站至____站间____行线区间空闲，自____时____分起区间封锁，基本闭塞法停止使用。准____站开____次故障救援（工程）列车，凭该调度命令反方向运行至____站，区间限速____ km/h，凭____站站务人员显示的引导手信号进站。

（4）调度命令的传达　行车调度员向列车司机发布调度命令时，当列车司机未离段/厂前，应发给车辆段/停车场运转值班室，由其负责转达。当列车已出厂/段，应由行车调度员直接发布。

行车调度员应使用无线通信系统向列车司机、行车值班员发布调度命令或口头指示（在通信记录装置故障时，只可以使用调度命令）。有关人员必须复诵正确，调度命令内容可执行的条件具备后，行车调度员才可以发布授权执行命令。

正常情况下，发布书面调度命令要按"一拟稿、二签认、三发布"程序办理。ATS 系统故障，改用行车调度电话发布书面调度命令时，要按"一拟稿、二签认、三发布、四复诵核对、五下达命令号码和时间"程序办理。

【学习小结】

1. ATS 分为监视和控制两部分，监视部分能显示进路、信号状况以及列车运行的实际情况；控制部分能按计划运行图自动控制各车站的进路排列、信号开闭，能自动控制全线各车站的发车计时器、乘客向导牌和 PIS 系统的显示。

2. 无线调度电话包括无线调度台和手持台。

3. 车站控制室设置有综合应急后备盘（简称 IBP 盘），是主控系统的后备设备。IBP 盘设置在车站控制室，当中央级设备发生通信故障或在车站级设备发生人机界面故障时，作为在紧急情况下使用的设备。

4. 车站控制室配备有线调度电话，实现与行车调度员、相邻车站等行车岗位进行通话的功能。

5. 行车指挥自动化控制系统是目前城市轨道交通采用的主要列车运行方式，它是利用计算机技术对列车实行自动指挥和自动运行监护，并利用列车自动防护（ATP）系统保证列车运行安全。

6. 列车运行调整分为自动列车运行调整和人工列车运行调整。

7. 列车跳停设置可由行车调度员在工作站上进行，也可由行车调度员指令司机在当次列车上进行，前者称为中央设置，后者称为列车设置。

8. 调度命令分口头命令、书面命令两种，书面命令包含纸质命令和电子命令。

9. 正常情况下，发布书面调度命令要按"一拟稿、二签认、三发布"程序办理。ATS 系统故障，改用行车调度电话发布书面调度命令时，要按"一拟稿、二签认、三发布、四复诵核对、五下达命令号码和时间"程序办理。

【知识巩固】

一、填空题

1. 无线调度电话包括_____和_____。

2. 综合应急后备盘简称_____。

3. 列车运行调整分为_____和_____。

4. 列车跳停设置可由_____在工作站上进行，也可由_____指令司机在当次列车上进行，前者称为中央设置，后者称为列车设置。

5. _____是指使发车表示器不显示，列车不能发车。

6. 调度命令分_____、_____两种。

7. 正常情况下，发布书面调度命令要按"_____、_____、_____"程序办理。

二、选择题

1. ISCS 系统的含义是（　　）。

A. 综合监控系统　　　　　　　　B. 火灾报警系统

C. 自动售检票系统　　　　　　　D. 设备监控系统

2. 当中央级 ATS 失效时，可以由（　　）授权车站行车值班员在车站级 ATS 上设置列车进路，控制列车运行状态。

A. 值班主任　　　　　　　　　　B. 行车调度员

C. 值班站长　　　　　　　　　　D. 车辆段调度员

3. IBP 盘又称为综合后备盘，放置在城市轨道交通的（　　）内。

A. 车站站厅　　　　　B. 控制中心　　　　　C. 车站控制室　　　　　D. 车辆段信号楼

4. 行车调度员可以利用有线调度电话与之通信的人员不包括（　　　）。

A. 派班员　　　　　B. 司机　　　　　C. 行车值班员　　　　　D. 车辆段调度员

5. 在城市轨道交通中，LOW 指的是（　　　）。

A. 微机联锁系统　　　　　　　　　　B. 车站级 ATS

C. 本地控制工作站　　　　　　　　　D. 计轴复位盘

6. （　　　）是目前我国城市轨道交通采用的主要列车运行方式。

A. 行车指挥自动化控制系统　　　　　B. 调度集中指挥系统

C. 人工调度指挥系统　　　　　　　　D. ATP 模式

7. 当列车晚点较多时，以下哪项措施不是行车调度员可能采取的调整方法？（　　　）

A. 推迟发车　　　　　　　　　　　　B. 缩短区间运行时间

C. 缩短停站时间　　　　　　　　　　D. 组织列车载客通过

8. 行车调度命令号码按（　　　）循环编号。

A. 日　　　　B. 时　　　　C. 月　　　　　　　　D. 年

三、简答题

1. 简述运营控制中设置的设备及其功能。

2. 简述车站设置的设备及其功能。

3. 简述调度命令的定义。

4. 人工列车运行调整方法主要有哪些？

5. 哪些情况下需要发布书面调度命令？

任务二　调度统计与分析

【任务描述】

列车运营结束后，还应计算列车运行的指标，统计相关数据，作为分析、考核调度工作的质量依据，以此来不断提高调度工作水平，更好地服务城市轨道交通运营。

【学习目标】

知识目标	技能目标	素养目标
1. 掌握列车正点率统计规定； 2. 掌握列车运行图兑现率内容； 3. 熟悉平均满载率指标。	1. 能够对列车开行数、运行图兑现率等进行统计； 2. 能够对工程车、调试车、检修车进行统计； 3. 能够进行调度工作日分析、月分析等。	1. 培养学生在城市轨道交通行车调度工作中的职业精神； 2. 培养学生分析问题、解决问题的能力。

【理论知识】

列车运行指标按"运营指标统计方法"有关要求执行，具体如下：

1）列车计划及实际开行列数，按"运营指标统计办法"中的相关规定执行。

2）列车正点率，按"运营指标统计办法"中的相关规定执行。列车晚点统计方法：比照列车运行图单程每列晚点 4min 以下为正点，4min 及以上为晚点；排队晚点时则按统计的要求进行统计。同时，因接待工作或其他特殊需要经公司领导同意时，不计算晚点列数。

列车正点率是指一定时期内正点运行的列车与全部开行列车数之比，计算公式如下。

$$列车正点率 = \frac{正点运行列车数}{全部开行列车数} \times 100\%$$

列车正点率包括列车始发正点率和列车到达正点率，列车正点统计的规定如下：

① 凡按列车运行图规定的车次、时间正点始发、正点运行的列车统计为正点列车数，早点或晚点不超过 2min 的按正点列车统计；临时加开的列车按正点统计。

② 由于客流量的变化，行车调度员采取临时措施，抽调或加开部分列车时，调整后的运行时间，一律按正点统计。

③ 列车运行时刻的确定：

到达时刻：以列车在站台规定位置停稳，不再移动为准。

出发时刻：以列车在车站（或存车场、车库）启动时刻为准。

通过时刻：以列车前部机车通过车站规定位置为准。

3）运行图兑现率，按"运营指标统计方法"中的相关规定执行，体现了基本运行图的完成情况。

① 计划开行列车数：当日运行图计划开行列车总数（含空车）。

② 实际开行列车数：当日实际开行的计划列车数（不包含加开列车）。

③ 运行列车数：由于各种原因（列车、天气等），取消的计划列车数（包含计划空车）。

$$实际开行列数 = 计划开行列车数 - 运行列车数$$

④ 加开列车数：全天在计划开行列车数开行的列车数，包括空车和载列车。

$$兑现率 = \frac{实际开行列车数}{计划开行列车数} \times 100\%$$

$$总开行列车 = 实际开行列车数 + 加开列车数$$

4）列车运营里程，按"运营指标统计方法"中的相关规定执行。此项指标由乘务中心派班员计算，控制中心收报后填入"运营日报"中。

5）平均满载率指标，它是指在单位时间内，车辆载客能力的平均利用效率。

$$平均满载率 = \frac{日均客运量 \times 平均运距}{输送能力 \times 线路长度} \times 100\%$$

【实践技能】

一、列车统计

1）在运营结束后，由行车调度员提供以下数据，值班主任负责进行当日的列车统计分析，并填写"运营日报"，统计的内容如下：

① 计划开行列数；

② 实际开行列数及运行图兑现率；

③ 救援列次；

④ 清客列次；

⑤ 下线列次；

⑥ 晚点列数和正点率；

⑦ 向车辆基地派班员收记运营里程（列公里）。

2）行车调度员记录发生晚点列车的原因。

3）对晚点列车进行分析，晚点原因分为车辆故障、线路故障、供电故障、通信故障、信号故障、客流过多、调度不当及其他原因。

4）行车调度员负责工程车统计，要求根据当天工程车开行情况进行统计，包括工程车列数、实际进出车场的时间。

5）调试列车统计，要求根据当天调试列车开行情况进行统计，内容为实际开行调试列车的列数。

6）检修施工作业及统计分析：

① 对昨天正线、辅助线的检修计划件数和完成情况进行统计。

② 对检修施工完成情况进行分析。

a. 各施工单位周计划、日补充计划、临时补修计划件数统计。

b. 检修施工作业请点总件数的统计。

c. 各施工单位计划情况完成情况进行分析。

二、调度工作的分析

通过对运营指标的完成情况的统计分析，可以找出提高运营指标的方法，同时，对日常调度工作进行综合统计分析，可以及时发现问题，制订措施。此外，还需对班组调度员的报表填计及运营完成情况进行考核。调度分析、统计工作可分为日分析、定期分析和专题分析。

1. 日分析

日分析的内容包括：

1）正点率、兑现率、列车加开及取消情况、运营里程。

2）换车情况、放站、清客、列车救援、严重晚点、反方向运行情况。

3）设备故障、列车故障情况。

4）施工完成情况。

5）各种记录报表及运营指标的考核工作。

2. 定期分析

定期（例如每月或每旬）对该阶段各项运营指标、安全生产和施工维修等情况进行分析、统计，并做出相应的报表以积累资料，为运营决策部门改进运营组织方案提供必要的依据。

3. 专题分析

对某一特定的任务组织专题分析，以便指导行车调度员更好地完成或进行总结。

【学习小结】

1. 列车正点率是指一定时期内正点运行的列车与全部开行列车数之比。
2. 运行图兑现率体现了基本运行图的完成情况。
3. 平均满载率指标是指在单位时间内，车辆载客能力的平均利用效率。
4. 调度分析、统计工作可分为日分析、定期分析和专题分析。

【知识巩固】

一、填空题

1. 列车正点率是指一定时期内_____与_____之比。
2. _____为当日运行图计划开行列车总数。
3. 调度分析、统计工作可分为_____、_____和_____。

二、选择题

1. （　　）是指在单位时间内，车辆载客能力的平均利用效率。
A. 平均满载率指标　　　　　　　　B. 运行图兑现率
C. 列车正点率　　　　　　　　　　D. 断面客流量
2. 日分析的内容不包括（　　　）
A. 正点率、兑现率　　　　　　　　B. 设备故障、列车故障情况
C. 施工完成情况　　　　　　　　　D. 专题分析

三、简答题

1. 简述日分析主要内容。
2. 什么是列车正点率?

项目四

车站及车辆段行车作业

【情景导入】

1. 事件描述

某日，082 车在洗车线进行洗车，洗车完毕司机未与车场（信号楼）值班员联系，未确认进路防护 SX 信号机（进厂信号机），也未确认道岔，擅自动车（当时速度为 15km/h），将车厂 4#交分道岔挤坏。信号楼值班员听到挤岔警示后，立即用电台呼叫司机停车，司机采取紧急停车，列车越过 4#岔尖轨一个多车位（28~30m）时停稳，造成了挤岔。

应对措施：维修工程部接到挤岔报告后，立即组织通号车间、工建车间等技术人员赶赴现场进行抢修。经现场检查，将 4#交分道岔更换了 1 个道岔连接表示杆、2 个挤岔销后，分道岔验收合格，恢复正常使用。

2. 事件分析

1）司机安全意识不强，动车前未确认信号、进路、道岔，又未与车场信号楼的信号值班员联系，是造成这起事故的主要原因。

2）当值司机简化作业程序，未认真执行呼唤应答制度。

3）SX 信号机（车场内唯一一架）设在线路左侧，该司机未认真确认。

本项目主要介绍车站及车辆段行车作业，包括车站的接发列车作业、折返作业，车辆段的出入场作业、调车作业以及乘务作业相关内容。

任务一　车站行车作业

【任务描述】

车站行车工作包括接发列车作业和列车折返作业，车站行车工作人员需要掌握组织列车在车站运行的基本技能，本任务主要从车站接发列车作业及折返作业进行介绍，学生在学习过程中可以通过角色模拟演练，进行相应的实训操作学习。

【学习目标】

知识目标	技能目标	素养目标
1. 熟悉车站行车备品及存放要求； 2. 掌握车站行车基本要求； 3. 掌握车站行车相关制度。	1. 能够进行手摇道岔操作； 2. 能够操作车站 ATS 系统办理接发列车作业； 3. 能够办理折返作业进路。	1. 牢固树立职业安全意识； 2. 加强沟通协调的能力，培养团队合作精神。

【理论知识】

车站的活动主要分为行车作业和客运作业两部分。车站的行车作业包括接发列车作业、列车折返作业等，车站的客运作业包括售检票、组织乘客乘降和换乘作业等。

一、车站行车备品

1. 行车备品种类

车站行车备品包括员工劳动保护用品和专用器具两大类，如图4-1所示。

1）劳动保护用品包括安全帽、绝缘手套、沙手套、安全带、荧光背心、口笛、手电筒、强力探照灯及其充电用具、臂章等。

2）专用器具包括钩锁器、手摇把、信号灯及其充电用具、信号旗、红闪灯及其充电用具、无线电台及其充电用具、手提广播、调度命令、行车凭证、下轨梯和拾物钳等。

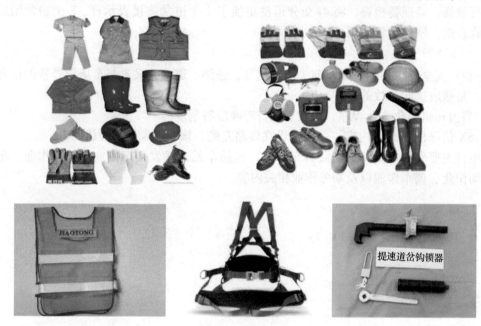

图 4-1 行车备品

2. 行车备品的存放

行车备品应按规定要求存放，具体按照各城市轨道交通企业制订的相关规定执行。

1）要求所有行车备品要进行整理、整顿。有序摆放，摆放的地方要干净、清爽。

2）行车公用物品统一存放，且要存放合理，不准乱堆、乱放，个人用品放进个人专用柜子。

3）荧光背心、口笛、信号灯及其充电用具、手电筒及其充电用具、强力探照灯及其充电用具、无线电台、红闪灯及其充电用具、手提广播及其充电用具、调度命令等放在规定位置，行车许可证放在行车值班员就近随手可拿的地方，文件盒放在指定地点，防毒面具分散放在车控室、会议室、更衣室、站务室和站长室等房间。

4）行车备品柜摆放在车控室，位置以不影响整个车控室美观为准。

5）行车备品柜要有统一的标志和备品目录表，标明备品名称、数量和负责人，柜内物品要摆放整齐有序。

6）钩锁器、手摇把、信号旗、下轨梯、拾物钳等放在站台监控亭。

7）车控室开放式电源柜上摆放打印机、复印机和无线电台充电用具（固定），禁止摆放其他物品，但其他设备也需在开放式电源柜上充电时，应摆放整齐，冲完电后立即收起放回备品柜，如图4-2所示。

图4-2　备品柜

二、车站行车作业基本要求

车站行车作业应按照列车运行图要求，不间断接发列车，确保行车与乘客安全，为乘客提供优质的运营服务。对车站行车作业的基本要求主要如下：

1. 执行命令听从指挥

严格按照高度集中、统一指挥的要求，由车站值班员统一负责车站的行车作业指挥工作。同时，车站值班员还应该认真执行行车调度员的命令和上级领导的指示。

2. 遵章守纪按图行车

认真执行行车规章制度，遵守各项劳动纪律。办理作业正确及时，严防错办和忘办，严谨违章作业。当班必须精神集中、服装整洁、佩戴标志，保证车站安全，不间断地按列车时刻表接发列车。

3. 作业联系及时准确

联系各种行车事宜时，必须程序正确，用语规范，内容完整，简明清楚，防止误听、错听、误解和臆测行事。

4. 接发列车目迎目送

接发列车严肃认真，姿势端正，认真做好看、听、闻，确保行车安全运行。

5. 行车表报填写齐全

车站行车人员应按照各报表填写规定，正确填写各种行车报表，保持报表完整、整洁。

三、车站行车作业制度

为加强车站行车作业组织，需要建立和健全各项行车作业制度，做到行车作业制度化、程序化、标准化。

1. 车站值班员岗位责任制

车站行车作业实行单一指挥制，车站值班员是车站行车作业的组织者和指挥者。根据行车作业的需要，车站还可设置车站助理值班员，但在采用ATC系统时一般不设。

2. 交接班制度

车站值班员交班时，应将列车运行和设备状态，上级指示和命令及完成情况等填记在"交接班登记簿"上，并口头向接班车站值班员交代清楚。

车站值班员接班时，要了解列车运行情况，对行车设备、备品、报表进行检查后，签认接班。内、外勤车站值班员实行对口交接。

3. 检修施工登记制度

车站值班员对各项检修施工作业，应根据检修施工计划，向检修施工负责人交代有关注意事项后，方可登记。凡影响行车作业的临时设备抢修，要在与行车调度员确认作业时间并获同意后，方可登记。检修施工作业结束后，行车设备经试验、确认技术状态良好，方可签认注销。

4. 道岔擦拭制度

道岔必须由专人负责定期擦拭。擦拭道岔，必须与行车调度员联系，办理控制权下放手续。道岔擦拭时，车站控制室要有人监护，不准随意扳动道岔；擦拭道岔人员一律穿绝缘鞋、携带防护用具，擦拭前施放木楔，无关人员不得擅自进入道岔区；如需换道岔，室内监护人员与现场擦拭人员应进行联系，说明道岔号码及定、反位，现场擦拭人员要离开岔道。道岔擦拭完毕，要认真清理现场、清点工具、撤除木楔，并检查有无妨碍列车运行及道岔转换的物品；试验道岔及确认良好后，与行车调度员办理控制权上交手续，有关按钮由信号人员加封并做记录；填写"道岔擦拭登记簿"，道岔清扫保养及检测操作见表 4-1。

表 4-1 道岔清扫保养及检测操作

序号	操作要求		
1	联系行车调度员		站控（下权）
2	确认道岔		定（反）位锁闭
		顺序	物品（备品）
		1）垫木	木块
		2）铲油污	铲刀
		3）擦清滑板	棉纱
3	现场作业	4）磨锈斑	铁砂皮
		5）擦清滑板	棉纱
		6）涂油	机油
		7）整理清扫工具	清点物品
		8）按技术规定检查道岔状态	——
4	确认道岔位置		定（反）位解锁
5	试排进路（单操）		道岔定（反）位
6	向行车调度员汇报		遥控（收权）
要求	道岔滑板光亮无锈斑，面板有油		——

5. 巡视检查制度

送电前，车站值班员应进行站线巡视，检查线路上有无影响列车运行的异物；对站内检修施工后的现场进行巡视检查，确认是否符合检修施工登记注销情况；检查行车控制台是否有异常情况。

6. 行车事故处理制度

发生行车事故，车站应立即采取有效措施进行处理，同时向行车调度员及有关部门报告。认真记录事故发生的时间、地点、列车车次、车号、相关人员姓名及人员伤亡和设备损坏情况。赶赴现场，查找人证与物证，并做成记录。清理现场，尽快开通线路。对责任行车事故，应认真找出原因，提出处理意见，制订防范措施。

一、车站接发列车作业

由于国内城市轨道交通信号系统普遍采用列车自动控制系统（ATS），列车实行自动驾驶运行，城市轨道交通车站原则上不办理接发列车作业。对于车站接发列车作业的主要内容是办理闭塞、准备进路和接送列车等，其中办理闭塞与准备进路这两项作业，正常情况下由控制中心办理，此时，车站只对列车运行情况进行监视。当发生意外事件、联锁设备故障、列车开到区间因故障要退回车站等特殊情况，需要人工排列进路组织列车运行时，须由车站办理接发列车作业。

1. 控制中心办理接发列车作业

在采用自动闭塞时，区间闭塞是自动办理的，但进路排列有以下两种情形。

1）在行车指挥自动化时，ATS 根据列车运行图及列车运行实际情况，通过车站联锁设备自动排列进路、实时控制列车接发作业。在 ATS 自动功能发生故障时，列车进路由行车调度员人工排列。

2）在调度集中时，由行车调度员通过进路控制终端控制管辖线路上的信号机、道岔，人工排列列车进路，办理列车接发作业。

在上述两种情况下，车站值班员通过行车控制台监视列车进路排列、信号显示，列车到发、通过情况以及列车运行状态是否正常等。

2. 车站办理接发列车作业

在采用区间闭塞设备时，行车闭塞法为双区间闭塞法；在停用自动闭塞设备时，行车闭塞法为电话闭塞法。在上述两种情形下，区间闭塞由车站值班员办理。

在区间闭塞由车站值班员办理的情况下，列车进路也由车站值班员排列。此外，如果仅当 ATS 的自动排列进路功能故障时，列车仍可按自动闭塞法行车，此时将控制权下放给集中站，由车站值班员在联锁工作站上排列进路，办理列车接发工作。

（1）列车进路办理

1）在采用电气集中联锁设备时，列车进路办理在行车控制台上进行。在行车控制台上按下拟建立进路的始、终端按钮，只要该进路区段无车辆占用以及无敌对进路存在，与进路有关的所有道岔均会自动转换到规定位置并锁闭，即进路排列完成。此时，在行车控制台的显示盘上，选出的进路从始端到终端呈现一条白色光带，防护该进路的信号机也同时开放，信号复示器显示绿灯。

当列车驶入进路，防护信号机关闭，信号复示器显示红灯，白色光带随着列车运行逐段变为红色光带，表示该进路被占用。列车出清进路后，光带由红色变为灭灯状态，表示该进路已经解锁。进路解锁可以是分段解锁，也可以是一次解锁。

2）在采用计算机联锁设备时，列车进路办理在操作员工作站上进行。在工作站显示器窗口的视窗上，用鼠标单击拟建立进路的始、终端要素（信号机），然后单击"排列进路"按钮，再单击"执行"按钮，计算机根据输入的操作命令，经过联锁判断自动建立进路、开放信号。当列车驶入进路，防护信号机关闭，随着列车的运行，进路可逐段解锁。

3）手摇道岔人工排列进路。在联锁站 LOW 设备发生故障时，车站进行现场人工排列进路组织行车，按照手摇道岔"六部曲"进行操作，详见表 4-2。

表 4-2　手摇道岔"六部曲"

步骤	要点	具体要求	注意事项
一看	看道岔开通位置是否正确，是否需要改变位置	1）到达现场后遵循"从远到近"的原则，双人一起到离列车最远的道岔区段。 2）双人确认该副道岔的位置，是否开通到需要的方向，"是"则到进路中的下一副道岔，"否"则进行摇动道岔的操作	1）人工排列进路必须遵循"从远到近"的原则，从离列车最远的道岔开始。 2）在手指道岔尖轨处确认该副道岔开通位置，口呼道岔位置"×××道岔开通×位"。 3）双人确认位置是否需要摇动道岔
二开	打开盖孔板。如果有钩锁器，则需要打开钩锁器的锁，再拆下钩锁器	1）找到转辙机侧边的"切断电源"插孔。 2）旋开"切断电源插孔"小盖板。 3）将蝶形钥匙有凸出的一端向下插入"切断电源插孔"。 4）将蝶形钥匙逆时针旋转 90° 切断电源。 5）找到转辙机正面（或后面）的手摇把插孔盖板。 6）将蝶形钥匙方孔一端插入盖板。 7）顺时针旋转蝶形钥匙。 8）蝶形钥匙顺时针旋转 90° 后向上打开盖板	
三摇	摇道岔转向到所需的位置，在听到"咔嚓"的落槽声后停止	1）双手水平握住手摇把旋杆，水平插入转撤孔同时左右转动手摇把杆，直到手摇把杆前端的方孔与转撤孔内的方柱套牢。 2）插入手摇把，旋转手摇把时要始终向里施力。 3）顺时针方向旋转手摇把时，尖轨向离开转辙机方向运动；逆时针方向旋转手摇把时，尖轨向转辙机方向运动。 4）不断旋转手摇把，直至听到"嗒"的一声落槽声才停止	1）摇动的过程中，确认的人员不允许站在轨道中间。 2）摇动的过程中，除摇道岔的人员外，其他人禁止接触道岔的任何一部分，以防造成夹伤
四确认	手指尖轨："尖轨密贴开通×位"，并和另一人共同确认	1）确认开通方向的人员在听到"嗒"的一声落槽声，与摇动道岔的人员汇报道岔摇动完毕后开始确认工作。 2）确认尖轨密贴后大声确认"道岔开通右（左）位，尖轨密贴"。 3）手摇道岔人员复诵"道岔开通右（左）位，尖轨密贴"	1）在听到落槽声后，确认人员检查是否有碎石等物品夹在尖轨与基本轨之间。 2）检查尖轨与基本轨之间的密贴情况，尖轨与基本轨之间的缝隙要求小于 4mm

（续）

步骤	要点	具体要求	注意事项
五加锁	双人确认道岔位置开通正确后，用钩锁器锁定道岔尖轨	1）确认人员使用钩锁器在道岔的两个连接杆之间钩锁住密贴位置（如果此位置不能加锁，则在车站选定的加锁处加锁）。 2）拧紧钩锁器后左右摇动钩锁器，若能摇动则再次拧紧，直到无法摇动则加锁完成	1）钩锁的位置必须是尖轨密贴处。 2）加锁时要确认钩锁器的梅花旋钮孔洞相互成一直线。 3）加锁前要使用扳手旋紧钩锁器的梅花旋钮，以防止钩锁器松脱
六汇报	向车控室汇报道岔开通位置正确	确认道岔加锁完毕后，摇道岔人员使用对讲机或隧道电话向车控室报告该道岔现在开通的位置	1）汇报时必须说清楚该道岔的标号、道岔位置和是否加锁完毕。 2）汇报完成后，必须收拾好所有携带的物品再向下一副道岔前进。 3）所有进路上的道岔摇动到正确位置后，人员撤离到安全位置才能向车控室汇报"进路排列完成，线路出清"，得到车控室同意后才能向列车司机打出"好了"的信号

（2）**电话闭塞法接发列车**　改用电话闭塞法行车时，必须有行车调度员命令。由于电话闭塞法行车时无设备控制，为了防止因疏忽向占用区间发车，造成同向列车追尾，要求车站值班员在接发列车作业过程中，严格按照规定的作业程序要求进行，以确保接发列车作业安全。

车站值班员办理电话闭塞法的内容、程序与办法如下：

1）办理闭塞。发车站向接车站请求闭塞。接车站确认接车区间空闲，接车进路准备妥当后，向发车站发出承认某次列车闭塞的电话记录号码，并填写"行车日志"。

进路准备妥当是指接发列车进路空闲、有关道岔位置正确和影响接发列车进路的作业已经停止。闭塞办妥后，因故不能接车或发车时，应立即发出停车手信号进行防护，并由提出闭塞一方发出电话记录号码作为闭塞取消的依据，取消闭塞应及时向行车调度员报告。

2）发出列车。发车站接到接车站承认闭塞的电话记录号码后，应填写路票交给列车司机，与列车司机共同确认路票信息正确无误后，向列车司机显示发车手信号。列车出发后，发车站向接车站和行车调度员报点，并填写"行车日志"。

3）接入列车。接车站在列车停车位置向列车司机显示停车手信号。列车整列到达停妥后，应向列车司机收取路票。

4）闭塞解除。接车站在列车整列发出或进入折返线以及接车进路准备妥当后，向发车站发出到达列车闭塞解除的电话记录号码。向行车调度员报点，并填写"行车日志"。

各城市轨道交通行车规章中，对采用电话闭塞法组织行车时接发列车作业内容、程序与办法的规定存在一定的差异。

二、列车折返作业

1. 列车折返模式

（1）**中心控制**　列车在进行折返作业前，应清客、关门。列车折返进路由中心ATS自动排列或行车调度员人工排列。在车站有数条折返进路的情况下，应在折返作业办法中规定优先采用的列车折返模式，明确列车折返优先经由的折返线或渡线。在办理列车折返作业时，如要变更列车折返模式，在折返列车尚未启动时，可在通知折返列车司机后，变更列车折返模式。

在自动排列折返进路时，折返列车凭发车表示器的允许信号进入折返线或停车位置；在人工排列折返调车进路时，折返列车凭调车信号进入折返线或折返停车位置。列车停妥后，司机立即办理列车换端作业，并凭防护信号机的允许显示进入出发正线。

列车自动驾驶时，列车进出折返线的速度按接收到的 ATP 速度码自动控制；列车人工驾驶时，列车进出折返线的速度根据有关规定，由司机人工控制。

（2）车站控制　车站控制时的折返作业组织，除列车折返进路由车站值班员人工排列，其余与中心控制时相同。原则上，车站值班员按作业办法中规定的优先模式排列折返进路，如要变更列车折返模式，必须要得到行车调度员的同意。

2. 列车折返方式

列车折返是指列车运行至图定的终点或折返站时，进入折返线路，改变运行方向的过程。折返作业时司机驾驶列车到达终点站或折返站，车站行车人员以及司机按有关规定完成折返操作的程序与步骤。

列车折返方式分为站前折返、站后折返和混合折返。

（1）站前折返　指列车在中间站或终点站经由站前渡线进行折返作业，如图 4-3 所示，其中图 4-3a、图 4-3c 为列车在终点站利用交叉渡线进行站前折返，图 4-3b、图 4-3d 为列车在终点站利用单渡线进行站前折返。

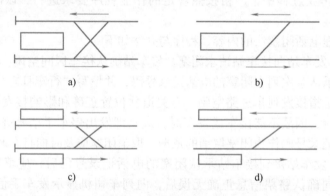

图 4-3　站前折返示意图

适用性分析：采用侧式站台站前折返方式，道岔距离车站端部距离很近，能够保证具有较大的折返能力。如图 4-3c 所示的站前为交叉渡线时，由于列车交替使用两个股道，乘客很难选择进入哪侧站台，此种站台形式会延长乘客的候车时间。而且在客流量大时，上下车乘客共用一站台，客流组织比较混乱。

采用岛式站台站前折返方式，可以避免乘客选择站台，无论列车停在哪一股道，进入岛式站台的乘客都可以顺利乘车。站前道岔区距离站台相比侧式车站大大增加，列车在道岔区的干扰时间长，折返能力比侧式车站低。

（2）站后折返方式　由站后尽端折返线折返，如图 4-4 所示，其中图 4-4a 为列车在终点站利用交叉渡线进行站后折返，图 4-4b 为列车在中间站利用折返线进行站后折返。

站后折返避免了前述的进路交叉问题，安全性能良好；而且站后折返时列车进出站速度较高，有利于提高旅行速度。一般来说，站后尽端折返线折返是国内城市轨道交通最常见的

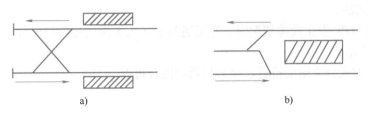

a)　　　　　　　　　　　　　b)

图 4-4　站后折返示意图

折返方式，站后渡线方法则可为短交路提供方便，如图 4-5 所示。

图 4-5　站后尽端折返线折返及站后渡线折返

环形线折返设备可保证最大的通过能力，节省设备费用与运营成本，但施工量大，由于列车在小半径曲线上运行，钢轨的磨耗也大，而且不能停放检修列车，也难以进行线路扩展，如图 4-6 所示。站后折返的主要不足是列车折返时间较长。

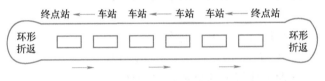

图 4-6　环形折返

（3）混合折返　站前、站后混合布置折返线，如图 4-7 所示。混合折返的目的是提高列车折返能力与线路通过能力，有利于行车组织调整，适用于对折返能力要求较高的端点站。

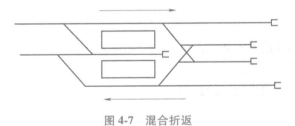

图 4-7　混合折返

【学习小结】

1. 车站的活动主要分为客运作业和行车作业两部分。

2. 车站的行车作业包括接发列车作业和列车折返作业等。

3. 由于国内城市轨道交通信号系统普遍采用列车自动控制系统（ATS），列车实行自动驾驶运行，城市轨道交通车站原则上不办理接发列车作业。

4. 在采用区间闭塞设备时，行车闭塞法为双区间闭塞法；在停用自动闭塞设备时，行车闭塞法为电话闭塞法。

5. 在联锁站 LOW 发生故障情况时，车站进行现场人工排列进路组织行车，按照手摇道岔"六部曲"进行操作。

6. 列车折返方式分为站前折返、站后折返和混合折返。

【知识巩固】

一、填空题

1. 车站行车作业实行单一指挥制，_____是车站行车作业的组织者和指挥者。

2. 车站的活动主要分为_____和_____两部分。

3. 车站的行车作业包括_____、_____等。

4. 手摇道岔六部曲为_____、_____、_____、_____、_____和_____。

5. 列车折返方式有_____、_____和_____。

二、选择题

1. 使列车由一条线路转入另一条线路的连接设备是（　　）。

A. 轨道　　　　　　　B. 转辙机　　　　　　　C. 信号机　　　　　　　D. 道岔

2. 轨道交通正线一般采用（　　）号道岔。

A. 9　　　　　　　　　B. 7　　　　　　　　　C. 12　　　　　　　　　D. 5

3. 关于手摇道岔六部曲工作标准的描述错误的是（　　）。

A. 到达现场后遵循"从近到远"的原则

B. 确认道岔状态时应手指口呼

C. 确认道岔开通位置正确后，应加锁

D. 手摇道岔应双人作业

三、简答题

1. 简述车站行车作业的基本要求。

2. 简述电话闭塞作业流程。

3. 车站在哪些情况下要进行站级控制？

任务二　车辆段行车作业

【任务描述】

车辆段是城市轨道交通行车系统的重要单位之一，主要负责列车车辆的运营管理、停放、维修及保养的场所。车辆段同时也是工作人员的办公场所，包含物资总库、培训中心和其他生产、生活、办公等配套设施等。

本任务主要介绍车辆段构成、车辆段设备、车辆段行车岗位、车辆段行车作业和乘务组织等相关知识。通过本任务的学习，使学生掌握车辆段的工作内容，尤其是车辆段的行车工作的开展，能对城市轨道交通运营行车工作有进一步的认知。

【学习目标】

知识目标	技能目标	素养目标
1. 掌握车辆段行车指挥体系及各行车岗位的职责； 2. 掌握车辆段列车出入场作业程序； 3. 掌握车辆段调车作业通知单填写要求。	1. 能够办理车辆段的列车出入场作业； 2. 能够办理车辆段的有电及无电调车作业。	1. 具备较强的安全意识； 2. 养成标准化作业的意识和习惯； 3. 形成良好的沟通协作能力。

【理论知识】

一、车辆段行车作业概述

车辆段行车作业的目的是配合正线列车的开行，因此它也是城市轨道交通行车组织的重要组成部分。

1. 车辆段行车指挥体系

车辆段控制室（简称 DCC）是车辆段内行车组织、机车车辆（含客车车辆）及行车设备设施的检修/施工作业、调试作业和车辆清洁的管理中心，是车辆段内所有轨道线路的信号联锁设备的集中控制点，负责车辆段信号联锁系统的控制。DCC 通常设有车场调度员、检修调度员、DCC 值班员（又称信号楼值班员）和派班员等岗位。车辆段行车指挥体系如图 4-8 所示。

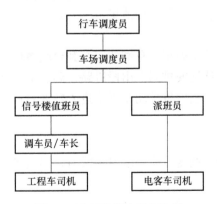

图 4-8　车辆段行车指挥体系

2. 车辆段行车岗位

（1）车辆段（车场）调度员　车辆段（车场）调度员（简称 DTC）在停车场 DCC 当值，是负责办理车辆段内的行车组织、维修施工管理的执行岗位。车辆段行车工作由车辆段调度员统一指挥，车辆段调度员对车辆段行车安全负责。

（2）**信号楼值班员** 信号楼值班员又称 DCC 值班员或车场值班员，主要负责车辆段控制室微机联锁设备的操作，通常设置两名，一名负责操作微机设备、排列进路、开放信号，实现微机联锁设备的用途及功能的专职人员，称前台值班员；另一名负责接受车场调度员的接发列车、调车作业计划及办理施工请销点等作业，并指挥、监督前台值班员作业的专职人员，称为后台值班员。

（3）**派班员** 派班员主要负责安排乘务员的出/退勤作业，制订和组织实施乘务员的派班计划，遇突发事件及时调整交路、调配好乘务员的派班。

（4）**调车员** 调车员是指车辆段调车作业时，负责车辆段内调车作业的现场指挥，组织、协调调车作业人员及时完成调车任务。

（5）**车长** 工程车在运行时，由两名工程车司机负责，一名负责驾驶列车，一名担任车长。车长负责工程车运行的现场指挥，与施工负责人沟通、落实作业要求及安全措施，并在推进运行时在前端负责引导工作。

（6）**电客车司机** 电客车司机是指从事城市轨道交通列车驾驶的人员。电客车司机按资格分为电客车司机、调试电客车司机及见习电客车司机，按业务分为正司机及副司机，主要负责驾驶电客车在正线上运行及在车场内的调车作业和电客车运作的安全。

（7）**工程车司机** 工程车司机是指从事城市轨道交通工程车驾驶的人员。城市轨道交通系统工程车主要包括内燃机车、电力工程车、接触网检修车、钢轨打磨车和轨道检测车等。

二、车辆段出入段行车作业

车辆段出入段行车作业也可以称为接发车作业，车辆段的行车作业以办理接发列车作业为优先，其他作业不得影响列车进出车辆段。

1. 车辆段电客车出段作业程序

1）检修调度员将已检修完毕、符合上线运营条件的运用车"运用电客车状态卡"在首班车司机出勤前 90min 交给车场调度员。

2）司机按交路表规定的出勤时间出勤后，到车场调度员处领取电客车钥匙和"运用电客车状态卡"，到相应列车停放股道与信号楼值班员联系确认列车股道、车次、车号正确后，开始整备列车。

3）司机整备列车完毕，并于列车发车端使用车载台联系信号楼值班员。

4）信号楼值班员按出段计划安排列车出段进路，确认信号开放正确后命令司机发车。

5）司机凭地面信号及信号楼值班员动车指令进入转换轨停稳，并与行车调度员联系投入运营服务。

2. 电客车入段作业程序

1）列车按入段计划或行车调度员命令临时入段时，司机到达转换轨停稳后，联系信号楼值班员办理入段进路。

2）信号楼值班员按照列车入段计划，确认入段进路办理正确后通知司机，司机复诵信号楼值班员命令正确后，凭地面信号的显示入段。

3）列车进场到达指定股道停妥后，司机及时报告信号楼值班员，信号楼值班员在"行车日志"记录列车到达时间。

4）司机将"运用电客车状态卡"和钥匙交车场调度员处，车场调度员确认钥匙归还后在司机报单上盖章，并将"运用电客车状态卡"交给检修调度员。

三、车辆段调车作业

除正线列车在车站到、发、通过及在区间内运行，参与运营活动以外的所有为了编组、解体列车或摘挂、取送车辆、转线等车辆在线路上有目的的移动统称为调车。

不同城市轨道交通企业在进行调车作业时的作业程序和作业组成员的构成都有所不同，本书主要以重庆轨道调车作业程序和要求进行介绍。

1. 调车作业类别

调车作业分为有电调车和无电调车。

（1）有电调车　指调车车列需要直接从接触网受电的调车作业。

（2）无电调车　指调车车列不需要从接触网受电或无网区的调车作业。

2. 调车作业的领导及指挥

1）车场调车工作，由车场调度员统一领导，外勤单一指挥。

2）车场调度员编制好"调车作业通知单"后，须通知外勤在车场调度室进行当面传达（因外勤值班室距离车场调度室较远时，可使用传真进行调车单传达，但必须传达清楚）。车场调度员须向外勤传达作业意图和安全注意事项。

3）外勤负责向参与调车作业的相关人员（含内燃机车司机）当面进行计划传达、作业分工和做好安全预案，确保每一个调车人员做好调车作业准备后方可开始调车作业。

3. 调车作业的技术要求

1）调车作业时，外勤应正确及时地显示信号；内燃机车司机要认真确认信号并鸣笛回示。

2）推进车辆连挂（或向尽头线推送车辆）时，要显示 100m、50m、30m 距离信号，没有显示 100m、50m、30m 距离信号，不准挂车，没有司机回示，应立即显示停车信号。

3）推送车辆时，要先试拉。列车前部应有人瞭望，及时不间断地显示信号。

4）当调车指挥人确认停留车位置有困难时，应派人显示停留车位置信号。

5）调车作业时，遇特殊情况或因车场设备条件限制影响人身或作业安全，需在另一侧作业时，外勤必须通知司机确认后方可全部改另一侧作业。

6）调车作业摘车时，应停稳、做好防溜措施后，方可摘开车钩；挂车时，没有连挂妥当，不准撤除防溜措施。

4. 调车计划

（1）调车计划编制

1）调车计划以"调车作业通知单"（以下简称：调车单）的形式予以表现，车场调度员根据场内列车检修计划、施工计划及现场具体情况等编制调车单，并将电子档、纸质件进行保存。

2）车场调度员在车场调度室当面向外勤传达调车单（因外勤值班室距离车场调度室距离较远时，可使用传真进行调车单传达，但必须传达清楚）。

3）外勤收到调车单后，确认内容正确并在调车单内签字确认，当有异议时应当面指出（因外勤值班室距离车场调度室距离较远时，应通过录音电话确认内容正确并向车场调度员汇报外勤工号，当有异议时应及时指出）。

4）调车单一式三份，一份车场调度员存档，两份交外勤作业。因外勤值班室距离车场调度室距离较远，使用传真进行调车单传达，外勤收到调车单后签字书面回复车场调度员，由外勤将调车单复印后交予调车相关人员（含内燃机车司机），并当面传达。

5）外勤严格按调车单内容组织调车，调车作业完毕后及时报告车场调度员。

（2）调车计划变更　调车计划需要变更时，车场调度员须重新编制调车单。传达变更调车计划必须停车传达。

（3）调车单填写要求

1）日期：自零时（00:00）起更换日期。

2）车号：工作车（含内燃机车）或电动列车的编组号码。

3）编号：自当班起开始编号（01—99）。无电与有电调车分别表示为 W 与 Y，如 01-W、01-Y。

4）计划起止时分：计划预计起止时分。

5）示意图：示意图线路上用"□"表示被调车辆，框内填记所有被调车辆编组号，车辆编组间用顿号隔开。

6）线路（股道）栏：线路（股道）编号或简称。

7）摘挂车数栏：所要摘挂的车数。

8）"作业方法"栏填记：挂车为"+"摘车为"-"单机为"△"双机为"△△"。

9）记事栏：注明需要补充的内容。

10）列车从××线牵出，在记事栏内注明"出"；经过牵出线或其他线折返时，在记事栏内注明"过"；列车到达最终线路，在记事栏内注明"停"。

5. 有电调车作业

有电调车通常是利用列车自身的动力完成调车，无须连挂作业（救援除外），因此调车过程中的现场安全通常由司机把控。

有电调车注意事项：

1）调车作业前确认调车区域接触网供电正常，线路空闲且无影响调车的施工作业。

2）列车尾部须越过指定信号机，车场调度员在得到司机越过指定信号机的回复后，方能办理折返调车进路。

3）有电调车，进路由调车司机负责确认。

6. 无电调车作业

无电调车分为：内燃机车单机转线、内燃机车连挂电动列车调车。无电调车注意事项：

1）由于内燃机车单机转线能够凭自身动力运行，无须接触网停送电（有特殊要求的除外），其作业程序可参考电动列车凭自身动力的调车作业进行。

2）除电动列车、乘务内燃机车（指运行公司乘务部专属抢险救援车辆）或乘务内燃车连挂电动列车调车作业外，其他部门车辆在场内调车作业时，以作业令内写明的车辆具体走行路径为准，车场调度员以此作为调车依据，不再单独下发调车单。

3）无电推进调车作业，由外勤值班员负责进路的确认；无电牵引调车作业，由内燃车司机负责进路的确认。

【实践技能】

一、电动列车出场/段作业

不同的城市轨道交通运营企业，电动列车出场/段作业会有所不同，但大都有进路准备和列车动车出场这两个阶段，下面以重庆轨道交通电动列车出场作业程序介绍具体的操作流程和标准用语，详见表4-3。

表4-3 电动列车出场/段作业操作流程和标准用语

项目	车场调度长	车场调度员	司机	安全要点
出场/段准备	1）复核：出场/段列车的编组号、时间、出场/段线别及停放位置正确并复诵。 2）复核：供电复示系统（无供电复示系统时通过倒闸命令登记本和停送电命令登记本）、揭示板确认出场/段进路已送电且全线空闲。 3）应答："××车××线（××段）带电，可以升弓"	1）根据运用计划口述出场/段列车的编组号、时间、出场/段线别及停放位置。 2）通过供电复示系统（无供电复示系统时通过倒闸命令登记本和停送电命令登记本）、揭示板确认出场/段进路已送电且全线空闲	1）整备作业，联系车场调度员："场调，××车××线（××段）请求升弓"。 2）确认正确后，应答："××车××线（××段）带电，可以升弓，××车明白"	1）确认无影响出场/段的施工作业、调车作业。 2）供电复示系统或揭示板显示进路供电状态正常。 3）如出场/段列车有特殊要求，行车调度员应及时通知车场调度员
办理出场/段	4）通知车场调度员："××车××线（××段）至出（或入）场/段线出场/段，开放信号"。听取复诵无误后，命令："执行"。 5）确认信号正确，应答："××线××段至出（或入）场/段线出场/段信号好（了）" 6）填写"行车日志"	3）复诵："××车××线（××段）至出（或入）场/段线出场/段，开放信号"。 4）开放出场/段信号，口呼："××线（××段）"，按下始端按钮；口呼："出（或入）场/段线"，按下终端按钮。确认光带（表示灯）、信号显示正确，口呼："信号好（了）"		4）办理进路，开放信号时，执行"一看、二确认、三呼唤，四按（点）"程序及"眼看、手指、口呼"制度。 5）眼看：看准应操作的按钮；手指：中、食指并拢成"剑指"，指向应纵的按钮（计算机联锁设备为鼠标对准应确认的按钮）；口呼：规定用语，吐字清楚
列车出场/段	7）收到列车整备作业完毕的汇报后，应呼："××车，××线（××段）至出（或入）场/段线出场/段进路好（了），确认信号正确后出场/段"。 8）出场/段进路未办理完毕时，应呼："××车原地待令"		3）列车整备作业完毕后报车场调度员："场调，××车整备作业完毕，具备上线条件"。 4）接受车场调度员通知并复诵："××线（××段）至出（或入）场/段线出场/段进路好（了），确认信号正确后出场/段，××车明白"。 5）收到原地待令的通知时，应答"原地待令，××车明白"	6）再次确认接触网供电状态 7）司机确认信号正确后按"地铁电动列车驾驶安全和操作规程"要求动车
列车报点	9）向邻站、行车调度员报点，填写"行车日志"	5）通过控制台、监控器等设备确认列车出场/段		8）不间断监控控制台、监控器等设备状态

（续）

项目	车场调度长	车场调度员	司机	安全要点
列车出清	10）车场调度长确认揭示板摆放位置正确	6）列车出清后，将揭示板与现场摆放一致，呼："××车已出场/段"		9）认真确认，保持与现场一致

二、有电调车作业

不同的城市轨道交通运营企业，有电调车作业会有所不同，但大都有计划编制、调车进路办理和列车运行三个阶段，下面以重庆轨道交通有电调车作业程序介绍具体的操作流程和标准用语，详见表4-4。

表4-4　有电调车作业操作流程和标准用语

项目	车场调度长	车场调度员	外勤值班员	安全要点
计划编制传达	1）复核：车场调度员作业通知单编制正确合理，并签字。 2）向外勤传达调车计划	1）根据作业要求编制调车作业通知单并签字。 2）交车场调度长复核	1）接受调车作业通知单并做好安全预案	1）车场调度员向外勤传达清楚作业意图及安全注意事项
调车准备	3）复核：所调列车的编组、时间及停放位置。 4）复核：通过供电复示系统（无供电复示系统时，通过倒闸命令登记本和停送电命令登记本）、揭示板共同确认调车的进路接触网已送电和进路空闲。 5）应答："××车××线（××段）带电，可以升弓"	3）根据调车作业通知单口述所调列车的编组、时间及停放位置。 4）通过供电复示系统（无供电复示系统时，通过倒闸命令登记本和停送电命令登记本）、揭示板共同确认调车的进路接触网已送电和进路空闲	2）准备作业，联系车场调度员："场调，××车××线（××段）请求升弓"。 3）确认正确后，应答："××车明白"	2）再次通过供电复示系统或车辆占揭示板等确认线路供电状态正常，具备调车条件
调车进路办理	6）通知车场调度员："××车××线（××段）至××线调车，开放信号"。听取复诵无误后，命令："执行"。 7）确认信号正确，应答："××线（××段）至××线调车信号好（了）"	5）复诵："××车××线（××段）至××线调车，开放信号"。 6）开放调车信号，口呼："××线（××段）"，按下始端按钮，口呼："××线"，按下终端按钮，确认光带（表示灯）、信号显示正确，口呼："信号好（了）"	4）准备完毕，呼："场调，××车准备完毕，请开通××线（××段）至××线调车进路"	3）办理进路，开放信号时，执行"一看、二确认、三呼唤，四按（点）"程序及"眼看、手指、口呼"制度。 4）眼看：看准应操作的按钮；手指：中、食指并拢成"剑指"，指向应操纵的按钮（计算机联锁设备为鼠标对准应确认的按钮）；口呼：规定用语，吐字清楚

（续）

项目	车场调度长	车场调度员	外勤值班员	安全要点
调车进路办理	8）进路办理完毕，答："××车××线（××段）至××线调车进路好（了）"。 9）进路未办理完毕时，应呼："××车原地待令"	5）接受车场调度员通知并复诵："××线（××段）至××线调车进路好（了），××车明白"。 6）收到原地待令的通知时，应答"原地待令，××车明白"	5）接受车场调度员通知并复诵："××线（××段）至××线调车进路好（了），××车明白"。 6）收到原地待令的通知时，应答"原地待令，××车明白" 7）列车调至目标位置，向车场调度员汇报，呼："场调，××车在××线（××段）停妥，列车已降弓，外勤工号××"	5）外勤确认信号正确后按地铁电动列车驾驶有关要求动车。 6）后续调车勾数按此方式办理
	10）确认正确，应答："××车已停妥并降弓，外勤工号××，场调明白"。 11）列车运行至指定地点后，执行干一勾、划一勾制度	7）列车运行至指定地点后，执行干一勾、划一勾制度		7）不间断监控控制台、监控器等设备状态
调车完毕	12）车场调度长确认揭示牌摆放位置正确	8）将揭示板与现场摆放一致："××车停××线（××段）"		8）认真确认，保持与现场一致

三、无电调车作业

不同的城市轨道交通运营企业，无电调车作业会有所不同，但大都有计划编制、调车进路办理和列车运行三个阶段，下面以重庆轨道交通无电调车作业介绍具体的操作流程和标准用语详见表4-5。

表4-5　无电调车作业操作流程和标准用语

项目	车场调度长	车场调度员	外勤值班员	内燃机车司机	安全要点
计划编制与传达	1）复核车场调度员调车作业通知单编制正确合理，并签字。 2）向外勤传达调车计划作业通知单	1）根据作业要求编制调车作业通知单并签字。 2）交车场调度长复核	1）接受调车作业通知单		1）车场调度员向外勤传达清楚作业意图及安全注意事项

（续）

项目	车场调度长	车场调度员	外勤值班员	内燃机车司机	安全要点
调车准备	3）复核：所调列车的编组、时间及停放位置。 4）复核：如调车作业需要接触网停电，通过供电复示系统（无供电复示系统时，通过倒闸命令登记本和停送电命令登记本）、揭示板共同确认调车的进路接触网已停电和进路空闲	3）根据调车作业通知单口述所调列车的编组、时间及停放位置。 4）如调车作业需要接触网停电，通过供电复示系统（无供电复示系统时，通过倒闸命令登记本和停送电命令登记本）、揭示板共同确认调车的进路接触网已停电和进路空闲	2）向调车相关人员进行计划传达，并做好作业分工和安全预想	1）接收调车计划，并做好安全预案	
排列调车进路	5）通知车场调度员："××车××线（××段）至××线调车，开放信号"。听取复诵无误后，命令："执行"。 6）确认信号正确，应答："××线（××段）至××线调车信号好（了）" 7）进路办理完毕后，答："××车，××线（××段）至××线调车进路好（了）"。 8）进路未办理完毕时，应呼："××车原地待令"	5）复诵："××车××线（××段）至××线调车，开放信号"。 6）开放调车信号，口呼："××线（××段）"，按下始端按钮，口呼："××线"，按下终端按钮，确认光带（表示灯）、信号显示正确，口呼："信号好（了）"		2）准备完毕，呼："场调，××车准备完毕，请开通××线（××段）至××线调车进路" 3）接受车场调度员通知并复诵："××线（××段）至××线调车进路好（了），××车明白"。 4）收到原地待令的通知时，应答"原地待令，××车明白" 5）列车调至目标位置，向场调汇报，呼："场调，调车作业完毕，××车停××线（××段），司机工号××"	2）当第一勾作业为内燃机车从工程车库单机牵出时，由内燃机车司机直接向车场调度员申请调车进路，其余调车进路的开通均由外勤向车场调度员申请，由外勤指挥内燃机车动车。 3）办理进路，开放信号时，执行"一看、二确认、三呼唤、四按（点）"程序及"眼看、手指、口呼"制度 4）内燃机车司机确认信号正确后按内燃机车驾驶有关要求动车。 5）后续调车勾数按此方式办理，调车进路的开通均由外勤向车场调度员申请，由外勤指挥内燃机车动车

（续）

项目	车场调度长	车场调度员	外勤值班员	内燃机车司机	安全要点
排列调车进路	10）确认正确，应答："××车停××线（××段），司机工号××，场调明白"。 11）列车运行至指定地点后，执行干一勾、划一勾制度	7）列车运行至指定地点后，执行干一勾、划一勾制度			6）不间断监控控制台、监控器等设备状态
调车完毕	12）车场调度长确认揭示牌摆放位置正确	8）将揭示板与现场摆放一致："××车停××线（××段）"			7）认真确认，保持与现场一致

【学习小结】

1. 车辆段行车体系总体还是接受行车调度员指挥，但在车辆段内部以车场调度员为主，涉及信号楼值班员、派班员和司机等众多岗位。

2. 车辆段的行车作业主要分为出入场作业和调车作业。出入场作业保证了正线列车的正常运行，调车作业则为列车检修和清洗提供了保证。

【知识巩固】

一、填空题

1. 车辆段控制室（简称DCC）是车辆段内_____、机车车辆（含客车车辆）及行车设备设施的检修/施工作业、_____和车辆清洁的管理中心，是车辆段内所有轨道线路的信号联锁设备的集中控制点，负责车辆段信号联锁系统的控制。

2. 车辆段出入段行车作业也可以称为_____，车辆段的行车作业以出入段行车作业为优先，其他作业不得影响列车进出车辆段。

3. 调车作业分为_____和_____两种。

二、选择题

1. 除正线列车在车站到、发、通过及在区间内运行，参与运营活动以外的所有为了编组、解体列车或摘挂、取送车辆、转线等车辆在线路上有目的的移动统称为（　　）。

A. 调车　　　　　B. 扣车　　　　　C. 接车　　　　　D. 发车

2. 车场调车工作，由（　　）统一领导，外勤单一指挥。

A. 派班员　　　　B. 车场调度　　　　C. 调车司机　　　　D. 内燃车司机

三、简答题

1. 简述列车出段作业流程。

2. 简述车辆段有电调车作业流程。

任务三 乘务作业

【任务描述】

本任务主要介绍乘务制度、乘务管理、乘务员岗位职责和作业规范等内容。

【学习目标】

知识目标	技能目标	素养目标
1. 熟悉乘务相关术语； 2. 掌握乘务作业准则； 3. 掌握乘务作业规范。	1. 能够计算司机配备数量； 2. 能够计算司机平均驾驶时间； 3. 能够对不同乘务制度配备数进行比较。	1. 具备良好的职业道德； 2. 养成规范作业的职业习惯。

【理论知识】

城市轨道交通列车司机（也称列车驾驶员）作为从事城市轨道交通列车驾驶作业的人员，是实现列车运行的现场直接人员和关键岗位。因此，列车司机应坚持安全生产的方针，贯彻"高度集中、统一指挥、逐级负责"的原则，并时刻牢记"安全第一，服务社会"的宗旨，学习和遵守有关的安全规定与运行规则，严格按照作业程序和服务标准操作与驾驶列车，确保安全驾驶。

乘务组织的主要任务就是对列车司机的组织和管理，其内容包含列车司机作业标准、轮换制度和管理工作等内容。

一、乘务岗位概述

1. 列车司机

列车司机是指取得运营单位相关列车驾驶资格证，且在证件有效期内，从事城市轨道交通列车驾驶的人员。

2. 正线轮值

正线轮值在有的运营企业也称为正线指导司机，是指负责监控、指导正线司机作业，检查和落实各项管理制度和作业安全规定，协助客车队队长管理司机日常事务，并且在正线遇突发事件时协助司机处理和做好随时顶替值乘司机工作的乘务工作人员。

3. OCC 值班司机

OCC 值班司机在有的运营企业也称为 OCC 指导司机，是指进驻 OCC 控制中心，负责监控、指导正线司机作业，在正线遇突发事件时指导司机处理工作以及在处理车辆故障类突发事件时，向行车调度员提供相关技术支持和建议的乘务工作人员。

4. 乘务队长

乘务队长在有的运营企业也被称为车队长，是指负责整个乘务队安全生产、业务技能培训、人员思想动态、救援抢险等相关管理工作的工班长。

二、乘务相关术语

1. 运营时刻表

运营时刻表是列车在车站（车场）出发、到达和折返时刻的集合。完整的时刻表包括了版本号、时刻表编号、车站站名、车场名、列车车次、行车间隔时间、列车出发与到达时间、列车折返时间等要素。

2. 司机轮乘图

司机轮乘图在有的运营企业也被称为交路计划，是指按照运行图编制并指导司机驾驶列车的运行图表或计划，其主要包含运行图图号、司机出勤时间、出勤地点、接车时间、值乘列车的运行交路、列车车次、起点站发车时间、终点站到达时间和备注等要素。

3. 添乘证

添乘证在有的运营企业也被称为登乘证，是指运营单位按照相关规定下发的在运营时间内准许登乘运营列车驾驶室的凭证。

有的运营企业将添乘证按使用时效可以分为永久登乘证、三年期登乘证和一年期登乘证；按使用属性分为个人登乘证和公共登乘证。

三、乘务作业准则

1. 上岗准则

1）电动列车司机必须经过系统培训，取得相应资格证后，并通过所属线路乘务部门单司机业务考试后，方可独立驾驶本线列车。严禁在无证或未通过上岗鉴定的情况下进行独立驾驶。

2）脱离本职工作超过 30 天及其以上的司机，在重返工作岗位时要重新熟悉线路、信号及其他行车设备设施，对于新发文件、新修订规章等应重新学习掌握，并严格按照运营企业相关规定的要求，并经乘务部门考试合格后方可担任乘务工作。

3）电动列车司机脱离驾驶岗位 6 个月以上的需重新考取相应资格证。

2. 劳动纪律准则

1）电动列车司机应及时对相关文件进行学习，掌握文件内容。

2）必须严格遵守劳动纪律，按规定的时间和指定的地点出勤，不得迟到、早退。

3）对于不能按规定时间到达指定地点出勤的，应及时电话报告值班人员及乘务队长，并听从安排。

4）值乘期间，司机应主动接受管理人员的检查和监督，对发现的问题应虚心接受并改正。

5）司机必须严格按图行车，维护运行秩序，坚守工作岗位，不得擅离职守；待乘期间，不得擅自外出。

6）不得私自换班、调班。若必须换班时，应提前办理换班申请手续。

7）各法定假、病假和事假严格按照运营单位请假制度执行。

8）在驾驶室时，水杯须放置在杯架上或规定位置。

3. 服务准则

1）司机应严格执行着装要求：统一穿着工作服、绝缘鞋，戴手套。按规定佩戴肩章、工号牌等。

2）应保持衣着整洁、大方，自然、得体，不卷裤挽袖。不得佩戴夸张首饰、烫染头发。男性发不过耳，不得留长发、留胡须、剃光头；女性不得浓妆艳抹，需将长发束于头花内，不得披头散发。

3）立岗要求：挺胸收腹，两脚跟并拢，脚尖分开60°，双手呈自然状态放置。

4）敬礼要求：右手迅速抬起至眉尖处，五指并拢，手心向下，向外倾斜15°。

5）正确使用广播报站器报站，并认真监听，做到正确无误报站。

6）回答乘客询问或人工广播时，使用普通话，语言文明，态度和蔼。

7）遇乘客上前咨询时，应礼貌予以回应，如对情况不清楚或不方便回答时，应建议乘客向站台工作人员寻求帮助。

8）进入客室处理故障时，如受到乘客影响和需要乘客协助时，应礼貌地请乘客予以配合。不准与乘客发生言语或肢体上的冲突。

9）身着工作服乘车期间严禁坐于客室座椅上。

10）司机在值乘中或在站台、站厅等公共区域注意言行举止，不准有大声喧哗或嬉笑打闹、吃零食、玩手机等行为。

11）值乘时保持驾驶室内整洁、不准在驾驶室内吃东西、吸烟、看书、打瞌睡、玩手机及做其他与工作无关的事情。驾驶室内有人员添乘时，不准与其闲谈、嬉笑。

4. 安全守则

1）学员获得实习司机驾驶证后，必须在司机监督和指导下进行列车驾驶和操作，严禁未经司机同意，擅自操作列车上的按钮、开关或站台相关行车设备按钮或开关。

2）动车前必须确认相关行车安全"五要素"（信号、道岔、进路、车门、制动），凭有效的行车凭证（信号机显示允许通过信号、车载信号、调度命令、车站发车信号等）动车。特殊情况下，需接受行车调度员口头命令动车时，必须领会调度命令内容并复诵，严禁臆测行车。

3）运营列车需要转换驾驶模式，必须报告行车调度员，征得行车调度员同意后方可转换。

4）手动驾驶模式下，严格按照相关限制速度运行，严禁超速运行。雨天地面驾驶时，注意控制速度，列车需停车或减速时，司机应尽量做到"早拉少拉"。

5）操作相关旁路开关前，必须确认对应的安全条件已经满足，并征得行车调度员同意后，方可操作相关旁路开关动车。

6）停车库内动车前，必须确认相关辅助制动设施（如铁鞋）已撤除、地沟无人、两侧无物体和入侵限后方可动车。

7）列车经过车辆段平交道前，必须一度停车，确认安全后，方可通过。

8）列车发生冲突、挤岔、脱轨或其他意外事故事件停车后，在未接到相关负责人的指示前，司机不得擅自启动列车前行或后退。

9）列车行进过程中（包括洗车作业进行时），严禁打开司机侧门或侧门车窗，将身子探出司机室或把头探出窗外。

10）任何情况下，不得触摸或通过导体接触列车电气触头或触点。列车受电弓/集电靴升起之后或降下后的一定时间之内（一般不少于3min），严禁开启车底高压设备箱盖。

11）车场整备作业时，严禁跨越地沟。需要进入地沟检查时，必须戴安全帽、穿荧光衣。

12）连挂列车或单元车时，必须确认连挂区域无人站立或停留。

13）区间疏散开启客室车门前，必须确认疏散平台所在的方向。

14）站台作业跨出、跨入司机室时，必须注意站台与列车之间的空隙，防止踏空。

四、乘务作业规范

1. 待乘

待乘时主要要求司机得到充分休息，确保值乘时精力充沛，能安全值乘。

2. 出勤

出勤时要求司机着装和仪容仪表规范、值乘台账齐备、按时出勤、精神状态良好和了解本次值乘重要的行车信息。

3. 整备作业

整备作业主要是完成对列车各系统的检查和试验，确保列车能正常出段，发现列车故障及时报告车场调度员。整备作业完毕，及时向车场调度员报告，等待出段。

4. 出场作业

出场作业对于司机主要是得到车场调度员出段的指令后，按照相关规定驾驶列车按照规定的进路运行至正线的过程。

5. 正线运行作业

正线运行作业主要是指司机驾驶列车在正线区间运行的过程。在此过程中涉及列车相关辅助系统（如列车广播、空调等）的设置、列车驾驶的规定和要求以及手指口呼和瞭望的执行等。

6. 站台作业

站台作业主要是指列车进出车站和在站台开关门及监控乘客上下车的过程。

7. 折返作业

列车折返作业，按照折返地点分为站前折返和站后折返，按照折返方式可分为无人自动折返、自动换端和人工折返。根据折返作业的具体情况，司机需要执行相关规定，安全控制列车完成折返。

8. 正线交接作业

正线交接作业主要是因为国家相关标准规定司机不能连续驾驶列车超过120min，否则就是疲劳驾驶。因此，司机完成一轮次的值乘作业后，司机就需要下车进行轮换休息。

9. 退出服务

列车退出服务主要有两种情况，一是列车完成一天的运行计划，二是列车因故障退出服务。列车退出服务时，司机需要确定列车内无乘客，车门关闭好、关闭客室照明等情况，才能退出服务。

10. 返空作业

1）按照图定计划和行车调度员命令不载客运行至指定地点。

2）返空列车应关闭客室照明，在运行过程中应加强对目的地和行车条件的确认，控制好列车速度。

11. 回场作业

1）列车在正线回段时，应在入段前的最后一个车站停车。确认满足行车条件后，按规定速度运行至入段信号机前一度停车。

2）列车停稳后，将列调电台和手持台转换至相应"车辆段司机组"频道。

3）联系车场调度员，待车场调度员发布进路开通和允许动车的命令后，确认信号、进路、道岔位置正确，按规定速度运行至车辆段指定库线。

4）沿途发现信号、道岔、进路位置与调度命令或实际不符时，立即停车报车场调度员。

12. 收车作业

收车作业是指列车在车辆段指定库线停稳后，司机需要关闭列车相关系统，做好列车的防溜工作，整理相关行车备品和台账离开列车的过程。

13. 退勤

退勤是指司机完成一个班次的值乘工作，离开工作岗位前的作业程序。退勤可以分为正线退勤、回段退勤和电话退勤三种情况。

五、乘务制度

1. 乘务制度的概念

乘务制度是城市轨道交通列车司机值勤的一种工作制度，它表示城市轨道交通列车司机对运行列车值乘的方式。

2. 乘务制度种类

城市轨道交通运行管理中通常使用包乘制和轮乘制两种乘务制度。当前，大多数城市轨道交通运营企业采用的是轮乘制。

3. 乘务制度区别

（1）**轮乘制** 轮乘制是列车司机在运行的整个工作中轮流使用参加运行列车的制度，其特点为：

1）节省参与运行的司机人数，其配量可减少到最少，有较高的工作和管理效率。

2）能够比较合理地利用列车台数，降低车辆使用成本。

3）对列车司机的技术素质要求较高，对列车（车辆）性能的适应性要求较强。

4）不利于列车保养、维护。

（2）**包乘制** 包乘制是一列车由一个乘务组固定使用的制度，其特点为：

1）列车司机能够比较全面地掌握值乘列车（车辆）的性能，熟悉列车（车辆）的情况，有利于处理列车运行时的故障。

2）有利于管理与监督。

3）有利于列车维护与保养。

4）由于定人包车，对提高列车（车辆）的技术状况有一定的好处。

5）投用列车台数较多，列车（车辆）使用相对不均匀、不平衡。

6）需配备的司机人数较多。

六、乘务管理

1. 乘务派班管理

1）列车司机的派班管理工作一般由派班员统一负责管理，派班员必须严格按照运营时刻表执行行车工作，及时公布和传达上级领导有关安全指示精神及行车注意事项。

2）派班室负责根据运营时刻表编制并及时更新列车司机交路图与配套的列车司机出勤表（轮乘图或轮乘计划）。

3）当班派班员必须掌握全体列车司机的动向，并根据生产计划及施工计划需要安排、监督列车司机出乘及待乘等工作。

4）派班员负责核对施工周计划及每日临时补充计划，根据各类计划要求合理安排列车司机的派班工作。

5）确因工作需要，可安排列车司机临时值乘。原则上临时值乘的列车司机，特别是参与调试作业的列车司机名单由有关部门决定。计划内临时值乘任务，派班员应提前规定时间来确定临时值乘列车司机名单，并负责通知值乘的列车司机。

6）如需要列车司机临时值乘时，派班员应及时与车队长联系确定值乘人员名单，并在规定时间内通知值乘的列车司机。列车司机接到派班员的通知后，应及时出勤，服从安排，无特殊情况不得以任何理由推诿或拒绝接受任务。在紧急情况下被指定临时值乘的列车司机必须无条件服从安排，完成工作任务。

2. 列车驾驶室添乘管理

1）为确保行车安全，严禁任何与工作无关的人员添乘驾驶室。

2）相关工作人员因工作需要添乘列车驾驶室时，须出示添乘证并经列车司机查验后方可添乘。

3）临时抢修人员须凭调度命令添乘驾驶室，列车司机应认真确认调度命令内容，核清人数、检查证件，确认无误方可准许其添乘，并由添乘人员在司机报单上做记录。

4）乘务车间管理人员（主任、副主任、乘务工程师）凭有关有效证件可直接添乘列车司机室。

5）添乘人员不得影响列车司机操作，不得擅自触摸驾驶室内任何部件。当添乘影响行车安全时，列车司机有权拒绝添乘。原则上驾驶室内人员不得超过3人。

6）检查工作的上级领导，凭添乘证或由乘务车间管理人员陪同，方可添乘。

7）对于不能出示有效证件，擅自、强行添乘人员，列车司机应制止其行为，并报行车调度员处理。

8）工作人员添乘时必须在站台端门外出示添乘证，列车司机确认添乘证有效后方可打开端门准许其添乘驾驶室。

3. 司机公寓管理

1）司机公寓是列车司机待乘休息的重要场所，由城市轨道交通运营公司相关部门统一负责管理和使用。

2）当班列车司机入住公寓由当班派班员负责安排，派班员将人员入住的房间号和叫醒时间等信息填写在司机公寓叫班表上，交由公寓管理员执行。临时值乘的列车司机若须在公寓待乘，应凭当班派班员开具的司机公寓临时入住单由公寓管理员安排入住指定的房间。

3）其他人员因特殊原因入住公寓时，须向城市轨道交通运营公司相关部门提出申请，由公寓管理员负责安排入住指定的房间，但首先须保证列车司机（司机长）的使用需求。

4）待乘的列车司机一律凭有效证件入住公寓，按照司机公寓叫班表指定的房间号入住，严禁私自调房。

5）所有入住人员应服从公寓管理人员安排，临时入住人员与待乘的列车司机应分开就寝。

6）入住人员应自觉保持室内卫生，爱护环境，不得在室内乱涂乱画，不得随意移动室内设备和物品。要爱护室内公共财物，损坏照价赔偿。

7）公寓内不得大声喧哗，所有人员在指定的地点吸烟、就餐。严禁在寝室内打牌、饮酒，玩游戏等，不得随地吐痰。

8）离开公寓时应关好门窗，关闭电源及空调开关，并与公寓管理人员交接。

4. 轮乘室管理

1）列车司机应按要求及操作规程使用轮乘室内设备，爱护轮乘室内所有公共财物，损坏照价赔偿。

2）不得在轮乘室内打闹、喧哗，不得在轮乘室内任何地方及公物上乱涂乱写，不得随意移动室内的设备或物品。

3）保持室内卫生，不得在室内乱吐痰、扔废物、抽烟，用餐完毕要及时清理。

4）运营结束后，工班人员必须打扫好室内卫生，锁闭室门。

5）负责开启和锁闭待乘室的工班须对室内物品及行车用品、备品进行清点，并由车队长在车队长交接班日志上做好记录、签认。

【实践技能】

列车司机的配备包括列车司机配备和乘务制度配备数比较。

1. 列车司机配备数计算

列车司机配备数的计算如下：

$$P_{配备} = (P_{值乘} + P_{替乘})D_{循环}(1 + \alpha_{备})$$

式中　$P_{配备}$——列车司机配备数（人）；

$P_{值乘}$——列车上值乘司机总数（人）；

$P_{替乘}$——折返站替换休息司机总数（人）；

$D_{循环}$——轮班循环天数（d）；

$\alpha_{备}$——列车司机备用系数，一般取 10%。

列车司机平均驾驶时间（正线上）为

$$t_{驾驶} = \frac{S_{列}}{V_{旅}(P_{值乘} + P_{替换})D_{出勤}}$$

式中　$t_{驾驶}$——列车司机平均驾驶时间（h/d）；

$S_{列}$——列车日总里程数（km）；

$V_{旅}$——列车旅行速度（km/h）；

$D_{出勤}$——列车司机在轮班循环中出勤天数（d）。

2. 乘务制度配备数比较

假设某条城市轨道交通线路运营时间为 6:30-22:30，使用车组数为 20 列，图定列车日总里程数为 12000km/d，列车旅行速度为 35km/h，实行单人值乘，在列车折返站配备 5 名替换休息的司机。

采用轮乘制时，实行四班二运转，白班（8:30-17:30）、夜班（17:30-8:30）、休息、休息的轮班制。采用包乘制时，实行五班三运转，早班（6:30-12:00）、中班（12:00-18:00）、夜班（18:00-回库）、休息、休息的轮班制。

经过计算，可以得到在轮乘制时，需要配备列车司机 110 名，列车司机平均每天驾驶时间为 6.85h；在包乘制时，需要配备列车司机 138 名，列车司机平均每天驾驶时间为 4.57h。由此可见包乘制比轮乘制需要的列车司机数较多，且平均工作时间较少，不够经济效益，因此大多数城市轨道交通运营企业采用的是轮乘制。

【学习小结】

1. 乘务组织的主要任务是对列车司机的组织和管理，其内容包含列车司机作业标准、轮换制度和管理工作等内容，同时涉及列车司机、指导司机和乘务队长等岗位。

2. 乘务组织与列车运行图息息相关，主要体现在轮乘图上。轮乘图主要包含运行图图号、司机出勤时间、出勤地点、接车时间、值乘列车的运行交路、列车车次、起点站发车时间、终点站到达时间、备注等要素。

3. 乘务作业都有标准的作业准则和规范。乘务作业准则包括上岗准则、劳动纪律准则、服务准则和安全准则。乘务作业规范涉及乘务作业的全过程，包括待乘、出勤、整备作业、出场作业、正线运行作业、站台作业、折返作业、正线交接作业、退出服务、返空作业、回场作业、收车作业和退勤十三个程序。

4. 乘务制度是城市轨道交通列车司机值勤的一种工作制度，包含包乘制和轮乘制两种制度。

【知识巩固】

一、填空题

1. _____是指负责监控、指导正线司机作业，检查和落实各项管理制度和作业安全规定，协助客车队队长管理司机日常事务，并且在正线遇突发事件时协助司机处理和做好随时顶替值乘司机工作的乘务工作人员。

2. 司机轮乘图在有的运营企业也被称为交路计划，是指按照运行图编制并指导司机驾驶列车的运行图表或计划。其主要包含_____、司机出勤时间、出勤地点、_____、值乘列车的运行交路、_____、起点站发车时间、终点站到达时间、备注等要素。

3. 调车作业分为_____和_____两种。

二、选择题

1. （　　）是指运营单位按照相关规定下发的在运营时间内准许登乘运营列车驾驶室的凭证。

A. 添乘证　　　　　　　　　　　　B. 工作证

C. 车票　　　　　　　　　　　　　D. 调度命令

2. 下列不属于轮乘特点的是（　　）。

A. 节省参与运行的司机人数，其配量可减少到最少，有较高的工作和管理效率

B. 能够比较合理地利用列车台数，降低车辆使用成本

C. 对列车司机的技术素质要求较高，对列车（车辆）性能的适应性要求较强

D. 利于列车保养与维护

三、简答题

1. 简述乘务作业准则。

2. 简述轮乘制与包乘制的区别。

项目五

施工作业及工程车开行

【情景导入】

1. 事件概况

2009 年 12 月 27 日 11 时 31 分，在国内某城市轻轨 A 站点，正在线路上运行的 219 号轻轨客车上、下乘客时，工程救援车牵引 208 号故障车与站内 219 号轻轨客车追尾相撞，造成客车内 200 余名乘客中 46 人不同程度受伤。被撞轻轨客车尾部和转向架受损，风窗玻璃破碎，车内两扇窗户玻璃破碎脱落。事后该轨道交通公司安排了 50 余名工作人员到医院帮忙组织救治伤员，并对留院观察者做出了妥善安排，并迅速抢修、转移事故车辆，耗时一个多小时才恢复运营。

2. 事件分析

本次事故是因工程救援车刹车失灵导致的，一方面涉及日常检修维护的问题，另一方面涉及行车组织安排的问题。在工程车开行方面，很多城市轨道交通都规定有一定的安全距离，同时对列车运行的进路也有安全操作的规定，如安排防护进路来避免正面冲突等。

城市轨道交通采用了大量的自动化设备，白天运营期间行车密度大，运营强度高，大量的设备维修、维护等工作需要在夜间的运营结束后进行，特别是线路、信号、接触网等较大施工量的作业，还需要对施工工程车进行行车指挥，是日常运输组织过程中必不可少的环节。为有效开展施工作业组织，城轨运营企业针对施工作业都有一套完备的管理组织方式，本项目从施工作业、工程车开行和组织等方面进行介绍。

任务一　施工作业

【任务描述】

本任务主要从施工作业的管理、施工计划的申报审批和发放、施工管理和组织实施方面进行介绍。

【学习目标】

知识目标	技能目标	素养目标
1. 了解施工组织的定义与分类； 2. 掌握施工作业计划及流程规定； 3. 掌握施工安全管理。	1. 能按施工请点及销点基本规定办理施工作业； 2. 能按规定填写车站和车辆基地施工作业台账。	1. 培养学生良好的遵章守纪的职业习惯； 2. 培养学生行车工作安全第一的基本意识。

【理论知识】

一、施工组织概述

施工组织是指施工开展中，施工空间、时间、安全防护以及配合资源的组织安排，如施工计划安排和现场组织安排等。

1. 施工组织管理

（1）施工组织管理原则 城轨运营企业施工组织基本在夜间停运时间开展，施工时间相对紧张，轨行区有带高压电的接触网/轨，开行工程列车、调试列车，隧道空间有限，根本无法避防，所以对于城市轨道交通施工组织来说，统一组织集中管理是施工组织在安全上的必然要求。

在施工组织实现统一的集中管理，在区域上实现分散管理。在整个线网施工组织规则、资源分配上需要集中管理、统一协调、统一分配；在现场施工组织中需要按照属地管理或专业管理（或属地管理和专业管理同时管理）进行分散管理。

正线轨行区在车站登记，经专业行车调度员审批才能施工；车站内施工须到车站登记审批，如涉及相关设备须经专业调度员（如供电设备经电力调度员，机电设备经环控调度员）审批；车辆基地内作业须经车辆基地调度员审批。正线轨行区、车站、车辆基地按照"谁负责谁管理"的原则执行。

（2）施工管理机构 运营部门成立有施工管理机构，负责施工计划申报、协调和审批，必要时组织召开施工计划协调会；编制、审核、发布"施工行车通告"、签发"施工作业令"；处理作业计划变更事宜；负责对施工计划及实施情况进行统计、分析和总结；定期对施工日常管理工作的开展情况进行分析、总结，并有针对性地进行工作改进。

2. 施工作业分类

城市轨道交通企业施工作业按作业地点、作业性质和影响程度分为影响正线、辅助线行车的施工，在车辆基地内的施工和在车站内不影响行车的施工三种。各城市轨道交通运营企业针对各类型施工作业会给出各种分级分类标记，如 AA 类施工、B2 类施工等。

1）影响正线、辅助线行车的施工又可细分为开行工程列车的施工、不开行工程列车的施工和车站范围内影响行车设备设施的作业。

2）在车辆基地的施工可分为开行电客车、工程列车的施工（不含车辆部内部）、不开行工程列车但在车辆基地线路限界及影响接触网停电的施工和不开行工程列车也不在车辆基地线路限界的施工。

3）在车站内不影响行车的施工作业可分为车站内大面积影响客运及需动火的作业以及其他局部影响客运、但经采取措施影响不大且动用简单设备设施的施工。

二、施工作业计划

施工作业必须先由实施部门提报施工需求计划，计划管理部门根据各部门施工需求编制总的施工计划，并召开施工计划协调会，调整冲突的计划项，均衡安排每日的施工作业量，经充分讨论协调后，形成完善的施工计划，审批后方可实施。

1. 施工计划的申报与审批

（1）集中审批 各单位按照层级申报、逐层审核，最终召开施工协调会，统一审批及确定施工计划安排或集中编制后，按照专业审核。

（2）重点审批及分散审批结合 安全性高及资源紧张的计划实行集中审批，其余计划按照属地管理分散审批。

2. 施工计划的编制原则

1）核心计划优先安排：即对其他计划影响大且安全上重点控制的计划和一些重点施工计划。

2) 确保施工中人员及设备安全，结合作业条件，按照资源是否共享原则安排。

3) 合理利用各项资源，避免资源浪费。

4) 在安全前提下，均衡安排，避免集中作业。

5) 严格按照施工组织规定以及其他规定的行车组织、时间要求以及设备要求。

3. 施工作业计划的分类

施工作业计划的编制周期一般以周或天计，主要根据各设备设施修程的不同或者突发的故障情况来制订。

施工作业计划按时间分为周计划、日变更计划和临时抢修计划。

(1) 周计划 属于正常修程范围内的设备设施维修一般以周或双周为周期提报计划，称之为周计划。这种周计划的作业项目，基本上以固定周期的维修维护为主。

(2) 日变更计划 对于周计划内已批准的日作业计划项目，如因特殊原因需变更的，就以日变更计划的形式提报。

(3) 临时抢修计划 临时抢修计划分为运营期间的抢修计划和非运营期间的抢修计划，主要针对运营时间内发生的设备设施故障，以提报临时抢修计划的形式进行。根据故障情况，选择在运营时间或非运营时间进行抢修安排。

4. 施工作业计划的范围

(1) 正常修程内的应提报周计划

1) 需乘务室派出列车司机协助的车辆和列车调试作业（不含临修的调试）。

2) 需开行工程列车（含轨道车）的检查、维修、施工和运输作业。

3) 影响或可能影响行车的设备检查、维修、施工作业（如在设备房或传输通道进行的通信、信号、接触网供电、洗车机等设备的检查、维修和施工作业，影响或可能影响设备使用时）。

4) 需要进入正线及辅助线的检查、维修、清洗、消杀和施工作业。

5) 站台门的检查、维修、清洁、保养和施工作业。

6) 需停止接触网供电的检查、维修和施工作业。

7) 影响或可能影响运营服务设施使用、运营服务水平以及其他部门生产办公的检查、维修和施工作业（如停止低压供电影响或可能影响运营服务设施使用时）。

8) 不进入线路，但需其他部门配合的作业。

9) 不进入线路，但需进入车站各设备房的检查和维修作业。

10) 需要进入车辆基地行车线路（含设备限界内）、车辆基地变电所的检查、维修和施工作业。

(2) 日计划 对于周计划内日作业项目的变更，应提报日变更计划。

(3) 临时性计划 运营时间内发生行车设备故障需抢修的或临时抢修后须在运营时间外继续进行的行车设备维修作业，运营期间发现的设备故障可在运营时间外进行的维修作业，应提报临时抢修计划。

5. 施工作业流程的规定

1) 周计划由各车间工程师根据工作需要提出下周的施工计划，提交部门进行审批，部门对车间主管工程师提交的施工作业计划，进行删除、修改或取消（主要是对一些作业相冲突的作业），对已经修改好的作业提交给计划管理部门进行审批。

2) 计划管理部门对各部门提交上来的作业进行协调、删除、修改或取消（主要是对一些作业相冲突的作业），对已经修改并审批的作业返回给提交部门生成施工作业令（如是危险作业，提交给安全部门进行审核）。部门对已经审批的作业签发施工作业令并自动生成作业令号。

3）车站控制室（车辆基地信号楼）根据实际情况对某一个作业令或者多个作业令由施工负责人进行预请点，外单位的施工人员必须在施工登记簿上签名确认，提交给行车调度员进行批准。行车调度员根据车站（车辆基地）提交的预请点作业进行审批，对已经批准的作业令自动生成一个施工承认号。

4）对于已经生成施工承认号的作业令，车站值班员（车辆基地信号楼值班员）和施工负责人共同确认行车调度员批准后方可进行作业，作业完成后进行销点，并且提交给行车调度员进行核销点。

5）行车调度员对全部销点的作业进行核销点后该项作业结束。

周计划、非运营期间临时抢修计划、运营期间抢修计划流程分别如图5-1、图5-2、图5-3所示。

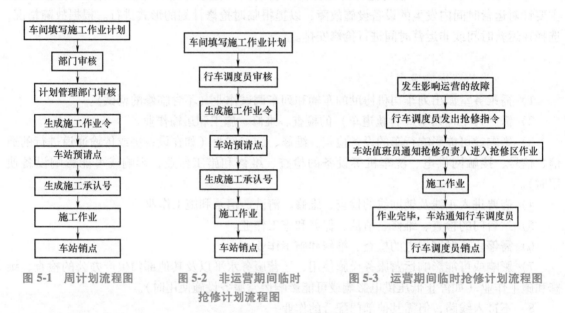

图 5-1　周计划流程图　　图 5-2　非运营期间临时　　图 5-3　运营期间临时抢修计划流程图
抢修计划流程图

三、施工安全管理

1. 施工负责人的有关规定

城市轨道交通运营单位为了对施工作业过程进行有效的监督和控制，每项施工作业必须设一名施工负责人，如果一项施工作业有几个不同的作业地点，那么必须设立多名施工责任人，使每一个地点的施工过程都有人监督负责。施工负责人须经组织统一培训、考核合格后方可上岗。

施工负责人必须具备以下条件：应经过运营单位有关施工管理的培训和考核认证，熟知其内容；熟知"行车组织规则"及施工相关规则的有关规定；熟悉所负责项目作业的性质、内容、办法、步骤和要求等；具备该项目作业相关的安全知识和技能；按照公司规定持有的相关证件。

施工负责人的职责有：

1）负责办理该组作业请/销点手续。

2）负责该组作业人员/设备的安全管理。

3）负责作业过程的组织指挥。

4）负责及时与车站（车辆基地）联系有关作业事项。

5）组织设置、撤销并落实与确认作业安全防护设施。

6）负责恢复施工所涉及设备的正常状态，出清作业区域并确认。

2. 施工人员的管理

承包商施工人员进入车站管理区域施工的，要办理施工人员的出入证。施工期间，施工人员凭出入证和身份证明文件进出车站。施工作业须临时用火、用电时，需经运营单位安全主管部门审批并办理临时动火、用电许可相关手续。

1）运营期间，施工作业人员须进入付费区作业的，必须遵守相关规定，如内部员工凭员工卡从闸机进出，外单位人员在员工通道处须验证通过等。

2）运营结束后，运营单位内部施工作业人员凭工作卡或员工卡进出车站或轨行区，外单位施工作业人员凭运营单位签发的施工作业证进出车站或轨行区。

3）进出车站站台门端门和各设备房，所有施工人员必须出示员工卡或施工作业证，车站确认进入人数及证件与本人相符后方可放行。

4）在轨行区相邻线没有隔离的线路上施工作业时，施工人员须注意邻线列车动态，作业人员、工器具等不得侵入邻线车辆限界。

5）施工人员、工程列车在同一区域作业（仅限于开行工程列车配合的同一施工作业）时，由施工负责人与列车长根据现场情况进行协调：

① 按施工前进方向，列车在前、人员在后，原则上不得颠倒；严禁在运行的工程列车前后均进行作业。

② 非随车施工人员与列车应有 50m 以上的安全间隔距离，原则上不得后退；如需要动车时，施工负责人须和列车长协商后，在确保人身安全的情况下才能动车。

③ 若该作业为接触网检修作业，则作业期间作业区域的接地线的位置及数量由施工负责人负责。

3. 轨行区的施工防护

根据施工作业地点和作业性质，施工前必须办理相应批准手续才能动工。但是所有施工作业必须按施工管理规定以及各专业的检修规程的规定设置安全防护，施工负责人负责检查落实施工作业的安全防护措施，确保防护到位，杜绝安全隐患。

施工作业防护遵循"谁设置谁撤除"的原则，实行"自控、互控、他控"。凡进入线路的施工作业人员必须按要求穿荧光衣，并根据作业性质及作业要求使用其他安全防护用品。

车站轨行区线路分为站内线路和站间线路。站内线路是指车站站台两端墙内方的线路，站间线路则是指相邻两站间的区间线路（按两站相邻侧端墙处计算）。在轨行区施工时，需设置红闪灯防护（图5-4），防止人、车闯入施工区域造成事故。

（1）站内线路施工　在站内线路施工时，由施工负责人负责设置防护红闪灯，设置位置在该车站两端墙外方轨道线路中央的道床上。

（2）站间线路施工　在站间线路施工时，由于涉及两端的两个车站，须由两个车站共同实施防护。由施工负责人在该作业区域外的两端轨道中央道床上设置红闪灯防护，两端车站

图 5-4　施工过程中的红闪灯防护

各自检查是否需要车站设置红闪灯防护；如两端车站在靠近作业区域一侧的端墙看不清红闪灯时，站务人员在靠近作业区域一侧的端墙处站台上设置红闪灯防护。

施工销点后，销点车站通知另一端车站施工结束，两端车站各自撤除本站设置的红闪灯。

【实践技能】

一、施工请点及销点

1. 施工请点及销点基本规定

施工作业必须向行车调度员（或车辆基地调度员）请点生效后方可动工，所有作业都必须在计划规定的时间之前完成作业并销点，运营期间的抢修计划在作业完成且线路出清后应及时通知行车调度员（车辆基地调度员）销点。

（1）请销点组织原则　按照区域属地管理以及设备专业管理负责审批的原则，开展施工专业的请销点组织。

（2）正线轨行区的请销点

1）正线轨行区的特点：

①空间有限，设备布设较集中，存在交叉作业。

②有高压电，容易对施工人员构成人身危害。

③存在开行工程列车，容易对施工人员构成人身危害。

④涉及线路长，难以做到监控。

⑤安全要求高，一旦施工出现问题，直接影响到运营服务。

2）正线轨行区的请销点组织的方式：

①轨行区由行车调度员整体控制，即所有进入轨行区的施工必须经行车调度员审批。

②轨行区由行车调度员重点控制，非重点由车站控制。

③轨行区由现场直接分段控制。

（3）正线非轨行区域的请销点

1）正线非轨行区域的特点：

①对运营列车影响较小。

②对车站的服务质量影响较大。

2）正线非轨行区域组织的方式：采用现场属地管理审批。

（4）车辆基地的请销点

1）正线非轨行区域的特点：

① 大都为地面线路，空间开阔，避让方便。

② 区域较集中。

2）正线非轨行区域组织的方式：车辆基地区域由车辆基地调度审批。

2. 施工过程中网络不通或临时故障时的应急请销点办法

1）遇网络不通或临时故障时，周计划、日变更计划和临时抢修计划需要统一使用施工计划申报表，按作业上报流程向相关人员申报。

2）发生网络不通或故障时，根据"施工行车通告"批准施工作业；对于日变更计划及临时抢修计划，则由行车调度员根据现场情况批准施工作业，施工负责人到车站控制室（车辆基地信号楼）请点，并填写"施工登记簿"等。

3）作业完毕后施工负责人必须到车站控制室销点，由车站行车值班员（车辆基地信号楼值班员）报行车调度员施工结束，并各自做好销点记录。

4）需异地销点的车站施工作业，施工负责人应在"施工登记簿"备注栏中注明异地销点的地点、人数，办理施工请点的车站要及时通知异地销点车站的车站值班员，并告知相应的施工承认号，销点时由异地销点站车站行车值班员将作业代码和施工承认号报行车调度员销点，并各自做好销点记录。如请点时网络正常，作业完毕销点不正常，相关车站应听从行车调度员的指令到相邻区间检查线路出清情况，行车调度员确认线路出清后开通线路并做好运营准备。

5）网络严重中断时，对于重点作业，由各部门生产调度员提出，行车调度员予以优先安排。

3. 施工请点及销点作业

（1）请点 施工负责人须持"施工作业令"原件，详见表5-1（非作业请点站登记可用施工作业令复印件或传真件），到车站控制室或车辆基地信号楼填写"施工登记簿"（见表5-2）请点，由车站报行车调度员备案，当线路出清后行车调度员通知车站，车站值班员传达允许施工的命令，请点生效，可以施工。需由多个车站进入施工的作业项目，施工负责人除到主站（施工负责人持作业令到某个车站登记请点施工的车站）办理外，还需核实辅站（除主站外登记请点的车站）情况。辅站施工联络人在作业令规定施工开始时间前，到达辅站办理登记手续，辅站值班员向主站值班员核实施工事项并请点。主站接到行车调度员允许施工的命令后，传达给施工负责人及辅站，辅站值班员允许施工联络人开始该作业点的施工。

表 5-1 施工作业令

作业代码		作业令号	［　　］运营字第（　　）号
作业单位		主　　站	
作业时间		负 责 人	
作业地点		联系电话	
作业内容		作业人数	
安全防护措施以及 工程车作业要求			

（续）

封锁区间			
停电区间			
协作及其他			
发令人			
辅站及联络人			
完成情况			
请点	时间		销点	时间		销令	时间	
	批准人			批准人			批准人	

表 5-2 施工登记簿

年　月　日

	作业项目		作业区域	
	作业代码	作业单位		共　人进场
	施工负责人	证件号码	计划作业时间	时　分起 时　分讫
请点 登记栏	安全措施			
	辅站		**主站**	
	接＿＿站值班员通知本项作业已获行车调度员批准，于＿＿时＿＿分至＿＿时＿＿分在所申报作业区域内进行，施工承认号码＿＿。 车站值班员签署：　施工联络人签署：		本项作业已由本站报 OCC 行车调度员备案，并获行车调度员＿＿批准，于＿＿时＿＿分至＿＿时＿＿分在所申报作业区域内进行，施工承认号码＿＿，并已知会辅站＿＿。 车站值班员签署：　施工负责人签署：	
销点 登记栏	**辅站**		**主站**	
	本作业点的作业已结束，并于＿＿时＿＿分出清作业区域（本作业点所有有关人员已撤离、有关设备已恢复正常、工器具、物料已撤走）。 施工联络人签署：　车站值班员签署：		本项作业已结束，并于＿＿时＿＿分出清作业区域（所有本项作业各作业点有关人员已撤离、有关设备已恢复正常、工器具、物料已撤走）。 　　　　　　　　　　施工负责人签署： 接施工负责人／＿＿站值班员通知本项作业已结束并出清作业区域，由本人于＿＿时＿＿分报告行车调度员＿＿销点。 　　　　　　　　　　车站值班员签署：	
备注				

（2）销点　销点与请点的过程相反。施工负责人负责施工区域的出清后销点。当多站销点时，辅站施工联络人负责本段线路出清并报施工负责人后，在辅站销点；辅站值班员向主站值班员销点；施工负责人负责该项作业区域全部出清后，方可报主站值班员销点，主站值班员向行车调度员销点。

需异地销点时，施工负责人（责任人）应在"施工登记簿"备注栏中注明异地销点的地点和人数。登记进入施工的车站要及时通知异地销点的车站值班员。当施工作业结束后，施工负责人向登记的销点站登记销点，销点站经与施工负责人核对销点的施工内容、施工人数、地点，并向请点站核对无误后，准予销点。请点站负责向行车调度员报告销点。

（3）进、出站及请销点作业程序　进、出站及请销点作业程序详见表5-3。

表5-3　进、出站及请销点作业程序

序号	作业程序	备注
1	施工负责人及施工人员凭施工作业令及证件进入车站；需关站后进入的，应事先联系	
2	施工负责人向值班人员填报人数，办理施工登记手续；多站请点的，主站施工负责人及辅站施工联络人向主站或辅站值班人员填报人数，办理施工登记手续，辅站值班员要向主站汇报，由主站统一负责请点	
3	车站行车值班员根据施工负责人提出的施工申请及所报人数，办理施工登记手续，并按有关规定办理请点	
4	行车调度员根据车站请点要求审核与批准	
5	车站值班员通知本站员工及相关车站设置防护	
6	车站员工（站务员）根据值班员的指示及要求设置防护	
7	施工负责人根据施工要求设置防护	
8	开始施工	
9	施工结束后，施工负责人清点人数，出清线路，撤除防护措施，到车控室办理销点手续；多站销点的，主站施工负责人及辅站施工联络人清点人数，出清线路，撤除防护措施，辅站施工联络人向主站施工负责人报线路出清，主站施工负责人向在主站登记的销点站车控室统一办理销点，同时施工负责人应在销点站进行书面登记	
10	车站值班员按有关规定办理销点	
11	行车调度员根据车站销点要求审核与批准	
12	车站行车值班员销点后通知保安人员：开出入口门送施工人员出站	

（4）请点、销点程序用语　请点、销点程序用语详见表5-4。

表5-4　请点、销点程序用语

请点程序用语	销点程序用语
车站行车值班员（或值班员）	
1）××站请点	
2）作业代码	1）××站销点
3）作业单位	2）作业承认号××
4）申请作业时间（起、止）	3）复述作业代码及作业单位
5）申请作业地点	4）报告线路出清或设备恢复正常
6）作业内容	5）复诵销点时间及行车调度员代码
7）作业要求	

（5）车辆基地请点作业程序　车辆基地请点作业程序详见表5-5。

表 5-5 车辆基地请点作业程序

步骤	负责人员	措施
1	调度员 施工负责人	商定以下安排： 1）行车； 2）作业地点与时间； 3）安全注意事项及防护措施； 4）接触网断电范围与时间
2	施工负责人	填写"车辆基地施工作业登记簿"，记录内容： 1）作业区域范围，作业起止时间、申请时间； 2）工程内容、影响行车程度、作业要求； 3）保护措施的详情及注意事项； 4）负责人、联系方式、计划批准号码、部门、填写日期等； 5）在"车辆基地施工作业登记簿"上签上申请人姓名（即填表人姓名）
3	行车调度员	1）批准作业区域前，应确保作业区域区段无任何工作在进行； 2）核对检修作业计划内容； 3）确认无误后承认作业； 4）安排施工负责人设置防护措施，由接触网负责人向调度员和电力调度员申请； 5）如需接触网停电时，签认接触网断电申请和使用接地线，确认接触网已停电和防护措施已正确设置完毕； 6）通知施工负责人允许作业及信号楼值班员相关的作业情况，做好记录，并在控制台上设置防护措施； 7）在"施工作业令"和"车辆基地施工作业登记簿"上签认
4	信号楼值班员	接到调度员通知，在记事本上做记录，并指示操作信号楼值班员执行下列工作： 1）将作业区域两端道岔锁定在开通邻线位置； 2）在控制屏上将有关道岔及信号机封锁； 3）在线路模拟屏上揭挂占用表示牌

（6）施工作业注销程序 施工作业注销程序详见表 5-6。

表 5-6 施工作业注销程序

步骤	负责人员	措施
1	施工负责人	1）施工作业完毕，确认现场作业人员、工器具已撤除股道，执行了线路出清程序； 2）向行车调度员申请注销施工作业，填写"车辆基地施工作业登记簿"
2	行车调度员	1）确认施工完毕，施工负责人已执行线路出清程序； 2）通知信号楼值班员测试作业区域内所有道岔及信号
3	信号楼值班员	1）测试作业区域内所有道岔及信号； 2）确认设备正常使用后向行车调度员汇报
4	行车调度员	1）听取信号楼值班员测试完毕、设备良好后，确认施工负责人撤除防护措施； 2）在"车辆基地施工作业登记簿"上签名，注销施工作业； 3）通知信号楼值班员施工注销，撤除线路模拟屏表示牌； 4）如接触网停电则通知配合部门接触网送电
5	信号楼值班员	1）接到行车调度员注销通知，在控制屏上撤除防护措施； 2）在记事本上做记录注销

二、施工作业组织

1. 施工组织原则

施工作业严格按批准的施工计划安排组织进行，在车站控制室（车辆基地信号楼）处办理请销点手续，原则上车站（车辆基地）施工接受控制中心行车调度员（车辆基地调度员）的指挥。

施工作业须遵循以下原则：

1）在运营时间内，原则上不准进行影响行车和运营服务质量的设备设施检修施工作业。

2）对处于进路锁闭状态的联锁设备，严禁进行检修作业。

3）正在检修中的设备设施需要使用时，须经检修人员同意。

2. 日常行车方面施工管理

1）车站每日要核实当日的作业计划，掌握当日作业项目及内容。车站在办理施工作业预请点前，行车值班员须认真核对施工负责人证件。如不能出示有效证件，车站应拒绝施工申请。

2）外单位的施工作业如没有符合资格的施工负责人，必须由运营单位派出符合资格的人员担任施工负责人。施工人员应服从施工负责人的监护，按规定的作业时间办理相关手续及进行作业，迟到30min的，视为该项作业取消，施工负责人有权拒绝进行配合。

3）采用施工作业自动化网络系统的，车站在办理施工预请点过程中，当行车调度员批准施工作业，且系统自动生成施工承认号后，行车值班员和施工负责人须共同确认行车调度员批准时间及施工承认号，并通知站台保安核实施工人数、作业单位、作业区域、作业内容以及施工负责人的员工卡或施工作业证，发现与行车值班员通知的不符时要及时报车站控制室。

4）施工作业需车站设置红闪灯防护时，行车值班员须检查确认红闪灯是否按规定摆放。施工作业过程中，站台保安须检查一次本站设置的红闪灯状态是否良好，向车站控制室汇报施工作业和安全防护措施执行情况。

5）施工作业开始后，车站应不定期检查施工作业区域及施工作业内容是否与施工计划相符，发现有超范围施工或超出作业区域的要及时制止并上报行车调度员。

6）对工程车开行区域的施工请销点，实行行车调度员、行车值班员双确认的制度。

3. 运营时间轨行区的设备抢修

（1）运营时间内短时间的抢修组织 利用现有的时间资源情况进行抢修，主要针对一些故障暂不影响运营，但存在较大安全隐患或降级运营的情况。利用运营间隔时间以及利用运营列车运送人员进入区间处理。抢修的审批，直接申请，不需再进行施工计划申请。

（2）运营时间内长时间的抢修组织 由行车调度员授权故障区域给现场指挥或事故处理主任。行车调度员按照事故主任的要求做好配合。

设置现场处理主任，负责抢修时各专业人员的统一指挥，确保抢修顺利、快速进行。

（3）运营时间轨行区的设备抢修组织

1）运营期间，车站行车值班员接到影响行车的抢修作业通知后，须安排一名员工在最靠近现场的站台门（或安全门）端门处等待，负责确认抢修人员进入正确的线路，并张贴突发事件公告栏。

突发事件公告栏张贴在端墙墙壁上面（不要贴在屏蔽门上）。其中，"突发事件公告栏1"由车站填写，车站人员应根据车控室信息通报及时更新；"突发事件公告栏2"属抢险及有关人员填写，抢险人员到现场后，车站应督促有关人员正确填写公告栏事项。

2）运营期间，进入线路的各批抢修、救援人员均按专业指定一名临时负责人，在站台门（或安全门）端门处向行车调度员口头请点，得到允许后，由行车调度员通知车站开门放行，车站接到行车调度员准许抢修人员进入抢修区域的指令后，记录进入的人数，通知端门等待人员在突发事件公告栏填写到达的救援队负责人或临时负责人的姓名、联系方式、人数和时间等信息。抢修人员到达位置后，由临时负责人向行车调度员、本部门救援队报告并落实好相关防护措施。

3）运营期间抢修作业结束后，抢修负责人须确认人员、工器具已出清，抢修设备的状态恢复正常后，向行车调度员销点，并到车站控制室补办请、销点登记手续。

（4）非运营时间的轨行区设备检修施工

1）在两站间正线线路因作业需要开行工程列车时，由行车调度员指定的车站行车值班员负责掌握施工情况，监督施工安全。

2）在正线及辅助线施工开始前，施工负责人应在车站控制室办理请点手续，经行车调度员批准，方可进行作业，有开行工程车配合的施工需发布封锁命令。站务人员须检查施工负责人或其指派的维修人员是否按要求设置防护信号，对由承包商单独实施的施工作业，站台保安要监督和确认作业人员进入的上下行线是否正确。

3）在正线线路需要开行工程列车时，工程列车途经车站之间相互报点并填写"行车日志"。装载长、大、集重货物的工程列车经过车站时，车站应安排专人在站台监视列车运行，发现危及行车及设备安全时，立即显示紧急停车信号并及时上报。

4）施工结束后，由施工负责人负责施工人员的撤离及线路出清，施工负责人检查确认所涉及的设备恢复正常状态及撤除防护后，到车控室办理销点手续，并经行车调度员核销点（封锁线路的还应由行车调度员取消之前发出的封锁命令）。

5）正线的作业，施工负责人到作业区域的车站内或两端车站控制室请点。

① 车站行车值班员核对施工负责人员工卡或施工作业证与请点人无误后，登录施工作业管理系统，办理预请点。

② 车站行车值班员和施工负责人必须共同核对作业令各项内容，确认正确无误后，报行车调度员批准。

③ 行车调度员确认具备施工条件后批准施工，系统自动生成施工承认号，车站值班员和施工负责人共同确认行车调度员批准施工后，方可进入作业区域。

（5）在站间线路施工 施工负责人在主站办理请点手续，由请点车站通知作业区域的另一端车站行车值班员施工线路占用情况。在施工完成后，考虑减少施工人员的走行距离，从而节省施工时间，可选择两站中的任一站办理销点手续。

【学习小结】

1. 施工组织是指施工开展中，施工空间、时间、安全防护以及配合资源的组织安排，如施工计划安排和现场组织安排。

2. 车站内施工须到车站登记审批，如涉及相关设备经专业调度员（如供电设备经电力调度，机电设备经环控调度）审批；车辆基地内作业须经车辆基地调度员审批。

3. 城市轨道交通企业施工作业按作业地点、作业性质和影响程度分为影响正线、辅助线行车的施工，在车辆基地内的施工和在车站内不影响行车的施工三种。

4. 施工计划按时间分为周计划、日变更计划和临时抢修计划。

5. 施工作业防护遵循"谁设置谁撤除"的原则，实行"自控、互控、他控"。

6. 施工作业严格按批准的施工计划安排组织进行，在车站控制室（车辆基地信号楼）处办理请销点手续，原则上车站（车辆基地）施工接受控制中心行车调度员（车辆基地调度员）的指挥。

【知识巩固】

一、填空题

1. 城市轨道交通企业施工作业按作业地点、作业性质和影响程度分为＿＿＿＿＿＿、＿＿＿＿＿＿和＿＿＿＿＿＿三种。

2. 施工计划按时间分为＿＿＿＿＿＿、＿＿＿＿＿＿和＿＿＿＿＿＿。

3. 施工作业防护遵循"谁设置谁撤除"的原则，实行"＿＿＿＿＿＿"。

4. 施工作业必须向＿＿＿＿＿＿（或车辆基地调度员）请点生效后，方可开始动工。

5. 作业完毕后施工负责人必须到＿＿＿＿＿＿销点，由＿＿＿＿＿＿（车辆基地信号楼值班员）报行车调度员施工结束，并各自做好销点记录。

二、选择题

1. （　　）是在运营分公司管辖范围内进行施工作业的凭证。

A. 施工作业令　　　　B. 施工负责人证　　　　C. 施工责任人证　　　　D. 施工行车通告

2. 运营时间内针对设备设施发生临时故障，报的抢修计划为（　　）。

A. 月计划　　　　B. 周计划　　　　C. 日补充计划　　　　D. 临时抢修计划

3. 施工作业过程中如要进行临时动火作业，必须按照公司相关规定办理，严禁在无（　　）情况下进行动火作业。

A. 施工计划　　　　　　　　　　B. 施工作业令

C. 动火令　　　　　　　　　　　D. 项目领导的承诺

三、简答题

1. 简述施工作业的分类。

2. 简述施工作业计划类型。

3. 简述施工作业请点、销点程序。

任务二　工程车开行

【任务描述】

本任务主要介绍工程车的类型，工程车在行车作业中担任的相关工作，根据工程车开行规定进行相关行车作业组织。

 【学习目标】

知识目标	技能目标	素养目标
1. 了解工程车的类型； 2. 熟悉工程车的管理模式； 3. 熟悉工程车运用管理。	1. 能够认识不同工程车的作业内容； 2. 能够根据工程车开行要求完成相关行车作业组织。	1. 具备较强的工程车开行安全意识； 2. 养成标准化作业的习惯。

【理论知识】

城市轨道交通行车设备涵盖轨道、供电、机电、信号和通信等专业。各专业设备都要按照检修周期与工作内容进行检修，以确保设备状态良好从而保证行车安全。由于城市轨道交通系统发车间隔小、行车密度大，在运营时间内无法在运行图上开"天窗"进行施工维修，故施工作业都是利用运营结束后的非运营时间进行，于运营开始前规定的时间内结束。夜间施工是城市轨道交通系统生产活动的重要组成部分。由于检修工作都集中在同一时间和空间内，所以要求必须有严格的统一计划、统一指挥、统一领导的管理手段，协调好各部门的关系。

对于行车调度部门来说，既要按照批准的施工计划保证设备维修更换、线路扩建工程等夜间施工任务的顺利完成，又要保证次日运营工作能正常进行，所以施工时的行车组织须按有关规定严格执行。

一、工程车概述

城市轨道交通中的工程车是指除载客车辆外，在对线路、供电和通信信号等设备设施进行施工维修时使用的车辆，包括内燃机车、平板车（图5-5）、网轨检测车、轨道打磨车、接触网放线车和隧道清洗车等，是保证地铁安全运营不可缺少的设备。工程车主要担负着紧急救援、调车作业、供电设备和线路维修、线路和接触网检测、钢轨打磨修复等工作。内燃机车、轨道车（图5-6）使用柴油机动力，一般用于城市轨道交通施工维修中担任牵引动力或装载

图 5-5 平板车

设备人员。内燃机车还有一项主要任务是在车辆段内为检修车辆的调车作业提供动力，同时在接触网失电等特殊情况下，内燃机车也可承担列车救援任务。内燃机车在施工维修作业中一般与平板车连挂共同执行任务，平板车是指无动力、用于装载货物的车辆，包括中间装设起重设备的车辆。轨道车包括重型轨道车、接触网作业车（图 5-7）、轨道打磨车（图 5-8）和隧道清洗车等，轨道车使用柴油机动力，主要用于城市轨道交通相关设备设施的施工养护。

图 5-6 轨道车

图 5-7 接触网作业车

图 5-8 轨道打磨车

二、工程车管理

1. 工程车管理模式

目前，各大城市轨道交通公司对工程车的管理模式主要在于对工程车司机的运用管理上的区别，一种模式是工程车司机归属于车辆部门，另一种模式是工程车司机归属于乘务部门。而在工程车维修管理上，这两种模式基本都是一致的，就是工程车的车体及走行部维修归属于车辆部门，其他部分维修归属于设施维修部门。第一种工程车司机的运用管理归属于车辆部门的模式，应用比较广泛，实现人和车辆的一体化管理，有利于在工程车管理中做到快速反应，减少部门之间的调度请示工作，可以减少人员配置，充分发挥员工的潜能，提高管理工作效率，但是对车辆部门的管理要求较高。第二种工程车司机归属于乘务部门的模式，有利于司机实现专业化和精细化管理，有效提高乘务部门的专业管理水平，但是增加了部门之间的接口工作，使工程车管理流程复杂化。

2. 工程车运用管理

（1）工程车运用管理职责　工程车运用管理人员的岗位职责如下：

1）负责工程车的日常维护工作，确保工程车状态良好。

2）负责工程车驾驶和出车前检查工作，按照规章制度规定执行工程运输和调车作业，确保工程车运行安全。

3）负责工程车检修周期间隔期非带压力润滑油、冷却液的加注检查，负责燃油需求计划提报，配合做好燃油添加，确保机车状态良好。

4）负责运用工程车故障报修，参与交验，确保内燃机车故障得到及时处理。

5）制订和修订整备、操作作业标准，对驾驶、安全方面提出整改措施及设备技术改造意见。

（2）工程车乘务人员组成和任务　工程车司机乘务组一般由两名司机组成，一名司机担任操作司机，另一名司机担任调车员或车长。工程车司机直接掌握着机车，担负着行车安全的职责。因此，对工程车司机必须经过严格挑选，由身体健康、专业素质过硬、工作认真负责且有吃苦耐劳精神的人员组成。

（3）工程车运用的申报审批程序　施工作业用车部门将编制的月度施工作业计划报车辆部门签署配合意见，并报调度部门生产管理室，由运营公司统一编制下个月度施工行车通告作业计划。车辆部门根据施工作业计划用车需求，结合工程车检修计划和机车质量状态进行综合协调安排。在施工作业前一天，由使用单位向车辆部门提交工程车使用计划申请单，申请单包括装载货物品名、重量、尺寸、件数，装卸车地点、时间、加固方法、编组要求，乘车人数、负责人姓名、电话，押车人姓名、电话，使用内燃机车时间、运行区段及作业要求和相关安全措施等内容。车辆部门根据用车需求及运行注意事项，合理安排司机和车辆，保证施工计划顺利实施和行车作业安全。

🚶 【实践技能】 ▶▶▶▶

一、工程车开行

1. 工程车开行指挥规定

1）非运营时间，行车调度员负责工程车进路监控，与工程车列车司机、车长的联络及与各站布置、落实工程车开行的有关事宜。

2）负责与相关车站办理施工请点登记、审批和销点工作；工程车开车前发布好相关的书面调度命令。

3）行车调度员在同意工程车开车前，必须在"线路施工作业登记簿"上确认工程车运行的前方进路无施工作业，并在OCC联锁工作站上确认工程车运行的前方进路已准备好。

4）工程车列车司机在出车前，应仔细检查轨道平板车和内燃机车的连挂情况，连挂达不到规定要求，工程车不允许开行。

5）在工程车出车辆基地前，工程车列车司机要与行车调度员试验无线电的性能；工程车在运行中行车调度员要加强与列车司机和车长的联系，掌握工程车运行计划，确认进路。

6）行车调度员组织工程车正线运行时，应尽量避免分段行车；当前方施工作业未按时结束或因特殊情况须组织工程车分段运行时，应提前一个站扣停工程车，并使用调度电话，通知工程车列车司机允许运行的起、止站，受令人必须要原话复诵。

7）遇到以下情况时行车调度员提前通知车站接发工程列车：向司机发布书面调度命令；当行车调度员使用无线电联系不到列车司机时，须通过车站拦停工程车询问情况；临时需要拦停工程车。

2. 工程车运行要求

1）在正常情况下，工程车在正线运行时，应按闭塞方式组织运行，凭地面信号及调度命令行车。一个联锁区同一线路原则上只准有一列工程车运行，工程车之间至少应保证一个区间的间隔。同一联锁区必须开行多辆工程车或间隔不能满足时，应由OCC值班主任同意。工程车在区间、非联锁站及无信号机的车站作业后折返时，凭调度命令行车。

2）在特殊情况下，可根据控制中心行车调度员的调度命令，采用封锁区间运行的方法，但必须符合下列要求：

① 封锁区间的所有道岔均应保持锁闭，开通列车运行方向。

② 封锁区间内无其他施工、维修作业。

③ 列车不准越出封锁区间范围运行。

④ 列车必须按规定的时间离开封锁区间。

⑤ 封锁区间两端须按规定设置防护设施。

3）工程车可以牵引运行，也可推进运行，各站按正常列车办理。工程车中车辆编挂作业由车长负责检查。工程车装载货物高度超过距轨面3800mm时，接触网必须停电。

4）工程车进出正线的规定：

① 工程车必须在本线路最后一列客运列车之后运行，并保持数个（一般情况下4个站间距）站间区间的间隔，以保证运行安全。必须在正线第一列客车运营前60min（各运营公司根据自身情况规定时间）出清正线。

② 工程车在车站始发或停车后再开时，司机要确认地面信号或按行车调度员的命令行车。

③ 工程车在运行中司机、车长通过电台加强与车站联系，掌握运行计划，确认运行进路。工程车司机应随时注意出车前、行车过程中的车辆运行状态，发现问题及时报控制中心行车调度员。开行超长、超限、集重货物的工程时，车站必须派人在站台监督列车运行，发现危及安全时应及时显示停车信号并报告行车调度员。

④ 工程车到达指定的施工作业区域后，行车调度员应根据施工计划及时发布书面命令封锁该作业区，并布置有关防护措施。待施工结束后，再开通有关线路，安排工程车回车辆基地。

⑤ 工程列车编挂有平板车时，因施工或装卸货物的需要，可以在中途站甩下作业，但要做好安全防护及防溜安全措施，返回时要挂走。平板车在区间原则上不准甩下作业。工程车在有坡度的线路上施工停靠时，不得进行分解、连挂等一系列作业。

⑥ 工程车载有工具、物品和空载运行时，都不得侵入行车限界。工程车载有工具、物品时，应安放稳固，必须有防范工程车在行驶过程中工具和物品滑落的安全措施。工程车在区间装卸工具、物品时，施工负责人应指挥工程车停于指定的规定位置，不得主观随意停放，要确保工具、物品装卸的安全。

⑦ 工程车在线路上行驶时，工程车司机应注意瞭望前方线路情况，防止有施工工具、材料、物品和施工人员突然侵入行车限界，并注意前方道岔开行方向是否正确。工程车在线路行驶过程中，要平稳地走行，不得急停急动。

⑧ 内燃机车在连挂轨道平板车时，轨道平板车不允许载人。工程车在运行过程中，车上人员应按相关的规定要求站好，不得妨碍列车司机的瞭望视野。

⑨ 工程车在线路上临时停放时，必须放置防滑、防溜装置，车辆两端要放置警示标志。

⑩ 遇有线路、道岔等行车设备检修完工后，按规程规定使用工程车配合试运转作业时，要有施工负责人和专业工程技术人员在现场负责技术问题，由施工负责人指挥工程车运行。

3. 工程车运行的速度限制

工程车必须掌握好工程车运行速度，按规定速度操作运行。各城市轨道交通公司关于工程车运行速度限制各不相同，大都是根据各自的具体情况而确定，并在"行车组织规则"中做出规定。某公司工程车运行速度规定见表 5-7。

表 5-7 工程车运行速度规定

序号	项目	机型	速度/(km/h)	说明
1	正线	内燃机车	45	
2		接触网检修作业车	50	
		接触网架线作业车		通过车站 40km/h，车辆基地 25km/h
3		网轨检测车	75	
4		磨轨车	60	
5		平板车	45	

二、工程车开行组织方法

1. 工程车参与检修、施工的行车组织方法

夜间检修、施工时，工程车开行的行车组织由行车调度员负责。行车调度员既要根据检修、施工计划的安排，保证维修更换和线路扩建工程等夜间检修、施工任务的顺利完成，又要保证次日运输生产能正常进行。为此，行车调度员应按以下作业工作要点对夜间检修、施工时列车运行进行组织。

1）行车调度员应认真核对当夜检修、施工计划，对检修、施工内容、地点和时间等做到心中有数。在确认进行夜间检修、施工后，行车调度员应下达调度命令给有关车站的行车值班员、车辆段信号楼值班员和检修、施工作业负责人，布置检修、施工内容、地点、起止时间及注意事项等。在检修、施工过程中，行车调度员应与行车值班员和检修、施工作业负责人等保持联系，掌握检修、施工进度。

2）检修、施工区间的工程车，按电话闭塞法办理行车或根据调度命令办理行车。工程车在进入运营线路前，必须对其技术状态进行全面检查，以确保行车和设备安全。检修、施工地点的每一端只准进入一列工程车。工程车推进运行时，应在列车前部设专人引导。到达检修、施工地段后，应在防护人员显示的停车手信号前停车，然后再按调车作业办法进入指定地点。

3）当一个区段一条线路上只有一列工程车往返多次运行时，可采取封锁区间运行的办法。此时，工程车运行按调度命令办理，并且还须符合下列要求。

① 封锁区间的所有道岔均应开通于施工列车运行的方向。

② 封锁区间内无其他检修、施工作业。

③ 工程车不准越出封锁区间运行。

④ 工程车按调度命令指定时间离开封锁区间。

4）行车调度员应在满足检修、施工要求的前提下，尽量缩小线路封锁的范围、减少施工列车占用正线的时间。

5）在检修、施工中发生设备损坏、人员伤亡或不能按时完成检修、施工作业时，行车调度员应立即报告值班调度主任，采取有效措施确保次日运营能正常进行。

6）检修、施工结束后，行车调度员根据行车值班员的报告，在确认行车设备完好、检修、施工人员和机具撤离后，下达调度命令同意注销检修、施工。

2. 工程车参与故障抢修的行车组织方法

当城市轨道交通线路在运营中出现断轨、挤岔、接触网断线等严重影响行车安全的设备故障（事故）时，需要出动工程车进行紧急抢修。具有有以下几点要求：

1）在需要工程车出动执行抢修任务时，一般由设备维修调度员向行车调度员提出使用工程车的计划（包括需要跟车人员、设备的数量和上车地点等）。

2）当需要工程车执行抢修任务时，由于工程车无 ATP 保护，可能会影响后续列车的行车安全，因而行车调度员必须发布封锁工程车作业区间的调度命令。在未接到开通封锁区间的调度命令前，不得将执行任务的工程车以外的其他列车开往该区间。

3）工程车执行设备抢修任务时，行车调度员负责组织工程车从车辆段至封锁区间一端车站的运行，在封锁区间一端车站把工程车交给维修调度员指挥，同时命令该站向工程车交付封锁命令。维修调度员负责通知现场指挥指派一名联络员登乘工程车驾驶室，将进入区间的作业计划交给车长，由车长引导进入封锁区间，并按计划指挥动车。工程车使用完毕，由联络员引导回到原交接站，由设备维修调度员向行车调度员交出。

三、工程车安全管理

1. 工程车行车安全管理

1）所有行车人员在作业中必须严格执行轨行区施工的相关规定，严格执行调度命令，服从调度指挥，确保施工安全运输。

2）轨道车司机应做好运转记录，按规定填写安全操作手册及注意事项。

3）货物装载应符合车辆的容许载重和集重要求，严禁超载、偏载、集重和超限，严格落实大件货物装载加固方案。

4）司乘人员应加强动力轨道车的日常维护工作，保证动力轨道车能够正常使用。对需检修的设备，应及早提出申请，严禁动力轨道车带病运行。

5）施工防护人员及车站联络员应经培训合格后持证上岗，确保施工及行车安全。

6）工程车乘务人员严格按照规定速度运行，同时要加强瞭望，注意线路及其两侧施工状态；调车员在值乘中要密切监视列车运行情况和货物装载情况，发现问题要及时处理，确保列车运行安全。

7）列车在大坡道上运行时，重载的工程车辆禁止在20‰及以上坡道的线路上停车。确因作业需要在坡道上停车时，动力轨道车不得熄火，跟车调车员要及时做好防溜措施（采用双铁鞋制动等措施）。

8）地铁线路坡度较大，严禁动力轨道车和附挂车辆在区间内分摘。

9）在尽头线要设置防护信号，标明列车不得越过的界标。

2. 工程车施工安全防护

1）开行工程车轨行区必须设置专职防护员，防护员在作业前应对必须携带的防护用品和工具进行检查，确保防护用品性能良好。

2）开始施工前，应在作业区域的起点、终点以外100m处设置红灯、黄灯或红旗、黄旗作为防护信号。曲线地段施工，防护距离应延长至150m。

3）轨行区作业人员必须佩戴安全帽，穿有夜光标志的安全防护背心，必要时应身挂流动的红色小警示灯具。

4）施工期间如若工程车辆接近施工区域，防护员应及时通知施工现场负责人出清线路，接到人员、材料、工器具出清线路汇报后，防护员撤除施工防护，示意工程车辆通过。

5）施工作业结束后，必须及时清理施工垃圾，将工器具放置在车站范围内不影响行车的区域。

【学习小结】

1. 城市轨道交通中的工程车是指除载客车辆外，在对线路、供电和通信信号等设备设施进行施工维修时使用的车辆，包括内燃机车、平板车、网轨检测车、轨道打磨车、接触网放线车、隧道清洗车等，是保证地铁安全运营不可缺少的设备。

2. 工程车主要担负着紧急救援、调车作业、供电设备和线路维修、线路和接触网检测、钢轨打磨修复等工作。

3. 目前，各大城市轨道交通公司对工程车的管理模式主要分为两种，一种模式是工程车司机归属于车辆部门，另一种模式是工程车司机归属于乘务部门。

4. 在正常情况下，工程列车在正线运行时，应按闭塞方式组织运行，凭地面信号及调度命令行车。

5. 工程车在线路行驶过程中，要平稳地走行，不得急停急动。

6. 工程车在线路上临时停放时，必须放置防滑、防溜装置，车辆两端要放置警示标志。

7. 工程车必须掌握好工程车运行速度，按规定速度操作运行。

【知识巩固】

一、填空题

1. 工程车主要担负着_____、_____、供电设备和线路维修、线路和接触网检测、钢轨打磨修复等工作。

2. 目前，各大城市地铁公司对工程车的管理模式主要分为两种，一种模式是＿＿＿＿＿＿＿，另一种模式是＿＿＿＿＿＿＿。

3. 工程车司机乘务组一般由两名司机组成，一名司机担任＿＿＿＿＿＿＿，另一名司机担任＿＿＿＿＿＿＿。

二、选择题

1. 正线上内燃机车运行速度为（　　　）。

A. 45km/h　　　　　　B. 50km/h　　　　　　C. 60km/h　　　　　　D. 75km/h

2. 正线上接触网检修作业车运行速度为（　　　）。

A. 45km/h　　　　　　B. 50km/h　　　　　　C. 60km/h　　　　　　D. 75km/h

3. 开始施工前，应在作业区域的起点、终点以外（　　　）处设置红灯、黄灯或红旗、黄旗作为防护信号。曲线地段施工，防护距离应延长至（　　　）。

A. 50m　100m　　　　B. 100m　120m　　　　C. 100m　150m　　　　D. 80m　120m

三、简单题

1. 简述工程车开行指挥的规定。

2. 简述工程车开行的组织方法。

项目六

非正常情况下行车组织

【情景导入】

某日，6:31，某地铁乘务段电动列车司机值乘，列车上行关门后发车，列车出现无牵引故障。司机立即将故障情况报告行车调度员，经处理后故障恢复。06:52，列车经出段线清客回场。事件最终造成列车晚点 14min。

具体分析情况如下：

1）经调查，当值司机在场内检车作业时检车不够仔细，未对 TC1 端司机室间壁门的锁闭情况进行检查。当列车到达光电园上行站台后，司机利用停站时间前往尾车 TC1 端检查间壁门锁闭情况（由于担心列车可能发生溜逸，便按下操作端 TC2 端司机室"紧急制动按钮"断开列车主断）。

2）在确认尾车间闭门锁闭正常后，回到操作端司机室未及时复位主断，导致列车出现无牵引故障。此为本次事件发生的直接原因。

3）经行车数据分析得知，列车按照图定时间办理完乘客乘降作业后启动 ATO 模式动车时，出现制动缓解，但无牵引力现象。持续 20s 后，司机采用人工驾驶尝试牵引列车，此时列车仍然无牵引力，并伴随保持制动不缓解现象。

4）当值司机在处理保持制动不缓解故障时，相继确认停放制动状态、网络故障灯状态、"牵引控制"空开状态，门全关灯状态、降 RM 模式、切除 ATP、操作停放制动等旁路、紧急牵引、切除保持制动、换端牵引等一系列操作，耗时 14min。在处置过程中未严格按照处理流程进行处理及判断，未在第一时间确认列车主断状态，此为导致本次事件晚点的重要原因。

此次事故所吸取的经验：要求各乘务段认真组织学习此次事件，汲取经验教训，举一反三，不断加强新、老员工的安全意识的培训，保障运营安全；要求各乘务段加强司机在列车非正常情况下行车能力的培养，以此次事件为契机，扎实开展相应的业务教育、故障应急处理的培训工作；要求发生此次事故的乘务段人员重新学习操作规程、应急预案、故障处理指南。加强对列车制动类、牵引类、车门类的常见故障处理的培训工作，确保每一位司机清楚了解故障现象，熟悉掌握故障处理流程，在正线能够快捷、准确地进行应急处理，避免因个人业务水平不足而导致故障处理时间延长。

非正常情况下的行车组织是相对于正常情况下的行车组织而言的，其主要是指由于人员、设备或环境等因素导致不能继续采用正常情况下的行车组织方法来组织行车的情况。

任务一 设备故障的行车组织

【任务描述】

本任务主要介绍在城市轨道交通信号设备故障、车辆故障以及线路故障等情况下的行车组织。通过本任务的学习，要求学生掌握在故障或事故应急处理时相关行车组织处理流程。

知识目标	技能目标	素养目标
1. 掌握信号设备故障应急处理及列车运行组织方法； 2. 掌握车辆故障应急处理及列车运行组织方法； 3. 掌握道岔及线路故障应急处理及列车运行组织方法。	1. 能够在信号设备发生故障情况下进行非正常行车作业组织； 2. 能够在车辆发生故障情况下进行非正常行车作业组织； 3. 能够在道岔及线路故障情况下进行非正常行车作业组织。	1. 通过项目式的学习和演练，让学生树立在工作中必须按照严格的流程进行应急处理的理念； 2. 树立严谨的工作态度和安全生产的意识。

【理论知识】

一、信号设备故障

国内的城市轨道交通系统正线基本都采用了列车自动运行控制系统信号设备，由控制中心和车站两级控制。

信号设备故障主要包括列车自动监控子系统故障、列车自动防护子系统故障、列车自动驾驶子系统故障、联锁故障和轨道电路故障等。对于信号设备故障，由于轨道交通系统采用的信号设备不同，故处理的具体规定也不同，但基本原理是相同的。下面以国内采用微机联锁信号系统及列车自动运行控制系统的轨道交通系统为例，介绍信号设备故障时的列车运行组织方法。

1. ATS 系统故障时的行车组织

（1）控制中心行车调度员

1）正常情况下，城市轨道交通列车运行实行中央控制，由控制中心（Operation Control Center，简称 OCC）行车调度员通过 ATS 系统监控全线列车运行。

2）当 ATS 系统运行出现故障时（如 ATS 工作站无显示），需要行车调度中心人工控制线路上的信号机和道岔，办理列车进路，组织和指挥列车运行。

3）控制中心行车调度员应通过专用调度电话授权给联锁车站行车值班员，转换列车运行控制模式，实行临时性的站控，通知相关车站通过 LOW（联锁控制工作站）监控列车运行状态，发现问题及时上报控制中心行车调度员。

（2）联锁站行车值班员

1）确认 LOW 工作站上的 RTU（Remote Terminal Unit，远程终端单元）降级模式是否激活。

2）当 LOW 工作站上的 RTU 降级模式激活时，保持原状态。

3）若 LOW 工作站上的 RTU 降级模式未激活时，各 LOW 工作站应在确认列车进站停稳后，在 LOW 上人工取消运营停车点。

4）当列车折返或出、入车辆段时，联锁区的 RTU 降级模式未激活时，应在 LOW 工作站上设置相关列车进路。

（3）司机

1）当 ATS 系统设备故障时，行车调度员通知司机在 PTI（Position Train Identification，列

车身份识别系统）显示屏终端上输入当时车次号，到转换驾驶台换向运行时，输入新的列车识别号（即目的地码和车次号），直至行车调度员通知停止输入为止。

2）报点车站向行车调度员报告各次列车的到、发点及停站时分，至行车调度员收回控制权时止。

3）行车调度员通过人工铺画列车运行图，掌握全线列车运行情况及列车具体位置，至ATS设备恢复正常，收回控制权时止。

4）当车站在LOW工作站上取消不了运营停车点时，应立即报告行车调度员，由行车调度员通知司机，用RM（Restricted Mode，限速人工驾驶模式）模式驾驶列车出站，直至转换为ATO模式。

5）当车站取消运营停车点而列车目标速度仍为零，且超过30s时，司机应及时报告行车调度员，由行车调度员指示司机开车。ATO驾驶恢复正常时，应向行车调度员报告。

2. ATP系统故障时的行车组织

（1）车载ATP设备故障　列车运行完全不受ATP保护，司机应以URM模式驾驶。列车运行组织如下：

1）控制中心行车调度员：

① 行车调度员应通知车站的监控员协助司机瞭望、监控速度表，提醒司机控制速度，必要时立即按压紧急停车按钮。当列车在区间无法上监控员时，可限速40km/h运行至前方站，监控员上车后按URM模式规定速度运行。

② 行车调度员命令司机以URM模式驾驶列车至前方终点站（根据情况可在中间有存车线的车站退出运行）退出服务。

③ 行车调度员应随时注意ATP车载设备的列车运行情况，严格控制确保列车间的最小行车间隔在一站两区间以上。

④ 行车调度员通知车站派人到驾驶室添乘。

2）司机：

① 司机应立即向行车调度员报告无法接受ATP限速命令，按行车调度员指示要求执行。

② 出清故障区段经过两个轨道电路还未恢复ATO模式时，司机报告行车调度员。行车调度员指示司机以RM模式驾驶至前方车站或终点站。

③ 司机到达前方车站仍无法接受ATP限速命令，报告行车调度员。

（2）轨旁ATP设备故障　ATO车车载设备接收不到限速命令，无法按自动闭塞法行车，此时的行车组织如下：

1）控制中心行车调度员：

① 行车调度员确定故障区间，命令司机在此区间以RM模式驾驶。

② 列车在运行中因道岔显示故障造成紧急停车（停在岔区）时，车站报告行车调度员、设修调度员，行车调度员通知司机限速15km/h离开岔区后，及时安排人员带钩锁器到现场将道岔锁定。

2）司机：

① 司机应立即向行车调度员报告无法接受ATP限速命令，按行车调度员指示要求执行。

② 司机在运行时一直未能切换到ATO模式时，则以RM模式驾驶至终点站。

③ 列车在站台收不到ATP码时，司机报告行车调度员，在得到行车调度员同意后方可使用RM模式动车。

（3）当轨旁 ATP 设备发生故障影响范围较大时　由控制中心值班主任决定该区段是否采用 URM（非限制性的人工驾驶模式）模式驾驶或自动站间闭塞模式。

（4）当轨旁 ATP 大规模设备故障时　按站间电话闭塞法组织行车。相关车站值班站长要及时回到站控室负责组织车站行车作业，并根据行车调度员发布的命令就地组织控制行车，安排车站值班员到站台接发列车，通知相邻车站采用站间电话闭塞法组织行车，并把调度命令内容通知给司机。

3. ATO 故障时的行车组织

1）列车 ATO 故障时，司机立即报行车调度员，经行车调度员同意后，切换 RM 列车降级模式（ATP 监控下的人工驾驶模式）运行。

2）若有备用车，行车调度员则安排 ATO 故障列车运行至终点站退出运营服务，备用车替换运行。

3）当站台门不能联动时，车站派员添乘，协助司机开关站台门。

4. 信号联锁系统故障时的行车组织

当信号联锁系统发生故障时，一般采用电话闭塞组织行车，电话闭塞是在没有机械、电气设备控制的条件下，仅凭电话联系来保证列车空间间隔的行车闭塞法，安全程度较低。

5. 轨道电路故障时的行车组织

轨道电路故障一般分为区间轨道电路故障和车站道岔区段轨道电路故障。轨道电路故障表现为该区段红光带、粉红光带、灰显等现象，这会影响列车进路的排列，列车将无法收到速度码。

（1）区间轨道电路故障行车组织　列车在故障轨道电路区段停车后，司机根据行车调度员指示转换为限速下的人工驾驶模式。列车重新启动，运行出清故障区段若干轨道电路区段并收到速度码后，由司机手动恢复为列车自动运行控制系统驾驶模式。

（2）车站道岔区段轨道电路故障行车组织　此类故障将直接影响中央列车自动监控子系统下的自动和人工设置进路，行车调度员可授权区域联锁工作站以单独操作的方式，将进路中的道岔转换到规定位置并锁闭（无法转换时，由人工现场手摇、加锁），然后开放有关信号的引导信号。列车根据引导信号的指示，以人工驾驶模式运行，出清故障区段若干轨道电路区段后，列车自动转换为列车自动防护子系统监督下的人工驾驶模式，此时司机手动恢复为列车自动驾驶子系统模式。

二、列车故障

在正线上运行中的列车发生故障，一般由当值司机负责处理，针对列车性能的不同，各大城市轨道交通运营单位都会制订相关"列车故障处理指南"供司机参考使用。一般对于不影响运行的列车故障，司机继续使列车按运营计划运行，直至列车退出服务回车辆段维修。

对于不易长时间运行的列车，尽量使列车继续运行到设有故障列车存车线的车站，待乘客全部下车后，进入存车线停留，并在适当时回车辆段修理，或清客后直接回车辆段。

如果列车因故障在区间或车站无法开动，则需采取列车救援措施，将故障列车牵引或推进到就近的存车线。

三、道岔故障

道岔故障一般分为电气故障和机械故障，电气故障一般属于信号系统层面的故障，而机械故障属于轨道层面的故障。当出现挤岔时，就按照事故处理，组织抢险救援。

1. 道岔电气故障

道岔电气故障一般表现有道岔灰显、道岔短闪和道岔长闪。

（1）出现道岔灰显时　一般由信号专业人员通过重新启动计算机等手段来恢复，如重新启动不成功，则由人工现场准备进路组织行车。

（2）出现道岔短闪　行车调度员应对故障道岔进行转换试验，经二次转换仍不能恢复正常时，就应安排车站人员立即进行人工准备进路，同时通知信号和轨道专业人员现场处理。

（3）出现道岔长闪　首先应通过是否有列车占用来判断是否挤岔。如非挤岔，在确认故障道岔区段进路空闲（即无绿光带）表示后，进行"挤岔恢复"操作；如果有绿光带，操作"强解道岔"后，执行"挤岔恢复"命令，并对道岔进行转换试验。如仍无效，安排车站人员立即进行人工准备进路，同时通知信号和轨道专业人员现场处理。

2. 道岔机械故障

道岔机械故障表现为道岔尖轨尖端部分密贴而竖切部分不密贴、挤切销断、尖轨断裂等，一般还会表现出道岔电气故障的现象。处理此类故障时，一般由现场人员确认，如仍能通过人工现场手摇道岔排列进路方式组织行车，则按照"先通后复"的原则一边组织行车，一边组织抢修；如无法人工现场排列进路，应立即组织抢修。

3. 正线挤岔

当列车从道岔到尖轨方向运行时，如果道岔位置不对，则车轮会将尖轨挤开，导致挤岔。列车一旦挤岔，一般会报警，为防止脱轨，列车挤岔后不得后退，必须在专业人员的监护下缓慢运行出道岔区，或固定好道岔后，列车在向后退行。

处理挤岔时，首先应确认列车车次、挤岔车辆号和具体轮对、被挤的道岔，特别注意挤岔的列车是否倾斜并侵入邻线，如果影响邻线，应及时扣停接近列车。其次，需了解列车载客量及人员伤亡情况，积极组织乘客疏散，通知邻线运行列车停止运行并加强瞭望，积极抢修道岔，妥善组织不受影响的区段的列车运营，必须求援时，则认真组织救援确保安全。若挤岔后脱轨，应封锁事故区段，根据具体情况灵活使用线路，最大限度地满足行车安全和客运服务要求。

【实践技能】

一、信号设备故障行车组织

城市轨道交通信号设备的稳定运行关乎行车安全和行车效率。在轨道交通中，事故的发生往往和信号设备故障有关。因此，当信号设备故障时，如何按照应急预案实施各岗位间的准确配合，降低故障对行车的影响就显得十分重要。

信号设备故障有中心 ATS 或车站 ATS 故障、信号设备失电、区段故障、车载 ATP 设备故障、地面轨旁设备故障、UPS 故障等多种故障，根据不同的设备故障有不同的处理方式和应急预案，以下以典型故障为例进行介绍。

1. 地铁信号 ATS 及联锁系统故障行车组织

（1）关键指引

1）行车调度员发现信号系统设备故障时，向通号部生产调度室报修。

2）通号部生产调度室在接到报修后，应立即组织维修人员前往抢修，及时判断故障原因，启用后备模式，尽快恢复 ATS 系统。

（2）不同 ATS 故障类型列车运行组织方法

1）控制中心地铁系统 ATS 系统发生故障时。ATS 系统将降级为车站级（C-LOW 或 LOW）系统自动运行，行车调度员及车站值班员应加强监控，信号维修人员应及时处理中心 ATS 故障。ATS 发生故障时列车运行组织方法，详见表 6-1。

表 6-1　ATS 发生故障时列车运行组织方法

故障类型		运行组织方法
控制中心地铁系统 ATS 发生故障时	行车调度员	ATS 设备故障时，应立即启用 C-LOW 或 LOW 机，并向通号部生产调度室报修； 通知相应各车站值班员，确认 LOW 机是否工作正常，并加强监控； 若车站级 ATS 不能按照运行图自动组织行车时，行车调度员向车站值班员下达"强行站控"的命令； 报告线路值班主任
	信号维修人员	立即赶赴控制中心进行处理，尽快恢复 ATS 系统正常使用； 处置完毕后完善销记，及时向行车调度员报告恢复设备可正常使用，并向通号部生产调度室汇报
	车站值班员	根据行车调度员命令强行站控，加强列车监控

2）车站级 ATS 系统设备故障时。信号系统设备自动降为联锁级运行，联锁系统将根据预先设定的进路自动排列进路（启用自排模式或车队模式），在自排模式故障时，采取人工排列进路。行车调度员与车站值班员应加强监控。司机发现发车计时器故障时，应立即报告行车调度员，并及时发车。通号部生产调度室接到故障通知后，立即通知信号值班人员处理。车站级 ATS 故障时列车运行组织方法，详见表 6-2。

表 6-2　车站级 ATS 故障时列车运行组织方法

故障类型	岗位	列车运行组织方法
车站级 ATS 系统设备故障时	车站值班员	发现车站级 ATS 设备故障时，向行车调度员报告，向通号部生产调度室报修并加强监控； 及时报告安全保卫部； 根据行车调度员命令，启动后备模式（启用自排模式或车队模式），在自排模式故障时，采取人工排列进路； 加强监控
	行车调度员	接车站值班员报告后，马上报告线路值班主任； 加强监控； 通过 C-LOW 机确认列车位置，通知车站值班员立即启动后备模式（启用自排模式或车队模式）； 调整列车运行次序并人工铺画列车运行图，减少对运营的影响
	信号维修人员	赶赴控制中心、车站进行处理； 处置完毕后及时向行车调度员及通号部生产调度室汇报
	列车司机	按行车调度员命令行车

3）联锁设备故障无法排列进路时。此时改为电话闭塞法行车。通号部生产调度室接到故障报告后，立即通知信号值班人员处理，同时通知通号公司安全质量技术部及主管领导。联锁设备故障时列车运行组织方法，详见表6-3。

表6-3　联锁设备故障时列车运行组织方法

故障类型		运行组织方法
联锁设备故障无法排列进路时	车站值班员	发现联锁设备故障，无法排列进路时，立即向通号部生产调度室报修，并向行车调度员报告； 按照行车调度命令，启用电话闭塞法行车
	行车调度员	接车站值班员报告后，马上报告线路值班主任； 向车站值班员下达命令，启动电话闭塞法行车； 加强监控
	列车司机	加强瞭望，注意确认道岔位置，按路票行车
	信号维修人员	赶赴发生故障的车站进行处理； 一时无法处理，立即通知上级； 处理完毕后，会同车站值班员进行试验设备，并向行车调度员汇报

2. 信号设备失电后的行车组织

（1）关键指引

1）信号设备失电初期处置：

① 车站值班员应立即向通号部生产调度报修，并向行车调度员报告。行车调度员做好按照电话闭塞法组织行车的准备。

② 司机在列车紧停后，应主动和行车调度员联系汇报列车位置，执行行车调度员命令，若此时列车位于道岔上，应以 RM 模式通过道岔进入折返线或站台停车。

③ 信号维护人员得到故障报修后，应迅速赶往故障集中站和控制中心大厅协助处理。

2）信号设备失电故障消除，信号设备重新上电启动成功后的处置：

① 车站值班人员在登录 LOW 机后，向行车调度员申请取得站控权。根据 LOW 机显示情况，执行相应操作。

② 对故障区域预复位完成后，行车调度员及时组织列车压道。

③ 压道列车凭行车调度员命令切除 ATP 模式，限速 35km/h 运行到指定位置。

④ 行车调度员、车站值班员、信号维护人员应观察列车走行后紫光带消除情况，对压道后未消除的紫光带道岔区段，确认故障道岔区段无车占用后，先"强转道岔"改变道岔位置，再进行"计轴预复位"操作；对压道后未消除的紫光带无岔区段，确认故障区段无车占用后，再次进行"计轴预复位"操作，以便后续列车压道。不能安排列车压道的特殊区段（如折返线），由信号维护人员取得行车调度员同意后，进入轨行区人工划轴划走紫光带显示。

3）注意事项：

① 车站值班员在登录 LOW 机后，向行车调度员申请，取得站控权。

② 当道岔已具备电动操作功能时，准备进路应采用电动方式"强行转岔"操作到要求位置后执行"单独锁定"，不采用手摇道岔方式。

③ 信号设备短时间内不能恢复时，行车调度员应启用电话闭塞法组织行车。

（2）处理程序 信号设备失电时列车运行组织方法，详见表6-4。

表6-4 信号设备失电时列车运行组织方法

作业岗位	运行组织方法
列车司机	列车紧急停车后，主动跟行车调度员联系，执行行车调度员命令； 执行车站值班员或行车调度员命令，按照规定速度行车，加强瞭望
车站值班员	发现LOW机黑屏、区段显示紫光带或红光带等异常现象时，应立即向行车调度员报告，并向通号部生产调度报修； 登录LOW机取得控制权； 根据行车日志与行车调度员共同确认故障道岔区段有无列车； 对已排列锁闭的进路进行取消； 对被进路征用锁闭的道岔进行"强解道岔"； 对道岔进行"强行转岔"操作，确认道岔在紫光带下可动电操作； 若道岔在恢复过程中，两个岔股都显紫闪（或黄闪），需执行"挤岔恢复"操作； 对所有紫光带区段进行"计轴预复位"（含提醒相邻设备集中站值班员对相邻的紫光带区段进行"计轴预复位"以及列车压道后区段紫光带未消失的区段再次进行"计轴预复位"）； 对压道后未消除的紫光带道岔区段，确认故障道岔区段无车占用后，先"强解道岔"改变道岔位置，再进行"计轴预复位"操作； 对压道后未消除的紫光带无岔区段，确认故障区段无车占用后，再次进行"计轴预复位"操作； 用"强解道岔"加"单独锁定"方式准备列车进路； 取消紧停（包括非集中站）； 若区段在列车压道后显示为绿色或浅绿色光带执行"强解区段"
行车调度员	发现该集中站管内所有区段显示为紫光带或红光带、与其他车站接口处相邻的区段显示紫光带或红光带、区段名称显示稳定红色等异常情况时，立即向通号部生产调度报修； 立即向线路值班主任报告； 故障发生时对列车进行准确定位； 对故障区域的集中站下放站控，并组织压道列车； 总体把控列车运行交路，保障运营与列车压道相兼顾； 信号设备短时间不能恢复时，行车调度员应启用电话闭塞法
信号维护人员	用最快方式恢复设备供电，确认各系统设备上电重启成功； 到控制中心大厅和车控室协助相关人员应急处置操作； 执行抢险抢修令进入轨行区，对必要区段进行人工划轴处理； 确认正常运营交路关联设备恢复完毕，列车升级成功； 及时登销记并汇报通号部生产调度； 分析设备失电原因，利用夜间进行隐患查找及消除

3. 地铁计轴区段红光带故障行车组织

（1）关键指引

1）车站值班员在点式及联锁级模式下发现计轴区段无车情况，显示红光带占用故障时，应立即向通号部生产调度报修，并向行车调度员报告。

2）行车调度员接到车站值班员报告后，立即命令相关列车临时停车。

3）通号部生产调度接到故障通知后，立即通知信号值班人员迅速赶赴车站综合控制室查看故障情况。

4）行车调度员确认该故障区段无车后，向车站值班员下达调度命令；要求车站值班员立即通知信号值班人员对该计轴区段进行直接复位操作。

5）车站值班员在接到行车调度命令后，向行车调度员重复确认该计轴区段无车后，应立即通知（出示书面调度命令或使用录音电话）信号值班人员对该区段进行直接复位操作。

6）信号值班人员接到车站值班人员确认该计轴区段无车的通知，并确认调度命令正确后，对故障区段进行直接复位操作，设备恢复正常状态。

7）若红光带无法消失，除 CTC 模式下的列车外，应使用电话闭塞法组织行车。信号值班人员立即进行进一步处理。

8）故障处理完毕，信号值班人员会同车站值班员确认设备恢复良好，由车站值班员通知行车调度员恢复设备正常使用。

（2）处理程序　计轴区段红光带时列车运行组织方法，详见表6-5。

表 6-5　计轴区段红光带时列车运行组织方法

作业岗位	运行组织方法
车站值班员	发现计轴区段无车情况下显示红光带占用故障时，应立即向通号部生产调度报修，并向行车调度员报告； 发现计轴区段无车情况下显示红光带占用故障时，应及时向通号部生产调度报修，并向行车调度员报告； 接到行车调度员的调度命令，应向行车调度员重复确认该计轴区段无车后，立即通知（出示书面调度命令或使用录音电话）信号值班人员对该区段进行"直接复位"操作，红光带故障消失，设备恢复正常状态
列车司机	列车司机接到命令后停车； 接到行车调度员的命令后，按行车调度员指示以规定速度、规定模式行车
行车调度员	接车站值班员报告后，马上报告线路值班主任； 下达临时停车的调度命令； 确认该故障区段无车后向车站值班员下达调度命令，要求车站值班员通知信号值班人员对该计轴区段进行"直接复位"操作
信号值班员	接到故障通知后，迅速赶赴车站综合控制室查看所报情况与故障情况是否一致； 接到车站确认该计轴区段无车通知，结合调度命令对故障区段"直接复位"操作

二、车辆故障行车组织

车辆故障有区间乘客步行疏散救援、列车纵向连挂救援、列车制动不缓解、列车车门类故障、牵引类故障、监控与广播系统类故障等，根据不同的故障有不同的处理方式和应急预案，以下以典型故障为例进行介绍。

1. 列车制动不缓解行车组织

（1）关键指引

1）操作停放制动开关。

2）重新激活司机控制器。

3）检查相应空气开关。

4）强制缓解停放制动。

（2）**处理程序**　列车制动不缓解时列车运行组织方法，详见表 6-6。

表 6-6　列车制动不缓解时列车运行组织方法

作业岗位	运行组织方法
列车司机	在库内检车或正线车站，司机发现全列车或单节停放制动不缓解，及时报告行车调度员或车场调度员； 司机先检查列车是否激活主控，检查主风压力是否小于 450kPa，若正常，重新施加缓解一次； 如果是整列车无法缓解，司机检查"制动控制""司机室控制"开关是否跳闸，若跳闸则复位，若未跳闸申请换端缓解，若无效申请救援； 如果是单节无法缓解，司机到相应复位"制动控制 1、制动控制 2"空气开关；若无效，司机施加停放制动、降弓、切除该节车 BC 阀，到车下手动强缓后上车升弓、缓解其余车停放制动以维持列车进站清客掉线，如果列车在车站时则当前站清客掉线
行车调度员	按规定的报告程序进行汇报； 立刻报告值班主任，通知相关部门； 立刻扣停后续列车在后方站，已进入后方区间的列车立刻令其停车； 行车调度员确认故障能否处理，能处理时立刻命令司机处理故障； 司机回复"经处理能够运行至前方站或者能安全运行至终点站"时，行车调度员应报值班主任和总调同意后令其加强监控运行至前方站或者终点站掉线，行车调度员组织备车顶替运行； 司机回复"经处理不能继续运行"时，列车在站时立刻清客，在区间时行车调度员通知环控调度员开启区间送风模式； 根据司机确定区间救援的要求，发布封锁区间和开行救援列车的调度命令； 行车调度员组织后续列车救援； 行车调度员通告全线运营受阻信息，在有条件的区段组织小交路运营； 恢复后通知全线并调整列车运行次序

2. 地铁列车脱轨、颠覆处置程序

（1）**关键指引**

1）处理正线列车脱轨、颠覆事故的重要原则是及时疏散列车上的乘客。

2）及时扣停后续列车，封锁发生事故的区间，避免事故扩大。

3）正线及车场内发生列车脱轨、颠覆事故，须立即报告集团公司主管领导、分管领导及各运营公司领导。

4）迅速起复脱轨、颠覆车辆，恢复线路正常运营，尽可能减少事故对运营的影响。

（2）**处理流程**　地铁列车脱轨、颠覆运行组织方法，详见表 6-7。

表 6-7　地铁列车脱轨、颠覆运行组织方法

作业岗位	运行组织方法
列车司机	发生列车脱轨、颠覆后，立即紧急停车，报告行车调度员、请求救援； 广播安抚乘客，组织乘客自救互救； 停车后检查确认列车脱轨、颠覆状况，将情况如实报告行车调度员或车场调度员； 向事故救援负责人报告事故现场情况； 待车站救援人员到达时，疏散乘客； 配合事故救援队起复脱轨、颠覆列车

（续）

作业岗位	运行组织方法
车站值班员	发现列车发生脱轨、颠覆事故后，立即报告行车调度员； 报告值班站长，通知各岗位做好步行疏散救援准备工作； 立即按压 AFC 紧急按钮，打开全部进、出站闸机，立即封站； 通知车站人员、保安，按预案规定到各自岗位维持秩序、疏散乘客； 通过闭路监控系统（以下简称 CCTV）观察站台情况，保持与行车调度员联系，随时报告处理进度
行车调度员	了解列车次、车组号，列车脱轨、颠覆事故概况； 报告线路值班主任、环控调度员，并通知车场调度员以及相关运营公司生产调度员； 扣停后续列车，对已进入同一区间的列车，命令其退回后方车站； 封锁发生事故的区间，若事故影响邻线的列车运行，则一并封锁； 命令电力调度员对发生事故区段接触网紧急停电； 及时发布开行救援列车的命令； 安排救援列车（内燃机车）将发生脱轨、颠覆的事故列车，牵引（推进）运行到就近故障车停留线或车辆段，安排备车出段顶替； 在具备运行条件的区段，组织列车小交路运行，调整列车运行秩序； 配合现场事故处理，做好脱轨列车的救援起复工作； 起复后，确认接地线拆除和线路出清后，通知电力调度员送电

三、道岔及线路故障行车组织

道岔及线路故障包括道岔故障、道岔滑床板折断、列车挤岔、列车脱轨颠覆、正线列车冲突、物体侵限、外来人员侵入地铁隧道区间、地铁列车撞人、车场或车辆段路基下沉、钢轨断轨、车场或车辆段胀轨跑道等，根据不同的故障有不同的处理方式和应急预案，以下以典型故障为例进行介绍。

1. 道岔故障行车组织

（1）关键指引

1）行车调度员发现道岔不能正常转换时，应立即向车站值班员下放"站控"，站控失败后立即下达"强行站控"就地操作的命令。

2）立即通知工建部和通号部生产调度室组织抢修。

3）车站工作人员现场办理进路、确认道岔位置正确后用钩锁器锁闭道岔、凭手信号接发列车。

4）行车调度员向列车司机下达降级运行命令，列车改按 RM 驾驶模式，根据行车调度员命令及"道岔开通好了"信号，通过故障道岔所在的轨道区段。

5）根据故障道岔区段的通过能力，调整列车运行间隔，向全线发布运营受阻信息。

6）客运公司指定现场事故处理负责人，由现场事故处理负责人负责故障区域内的现场行车指挥及现场人员的安全，并协调道岔转换、抢修人员的作业。

7）事故处理负责人确认在抢险时列车的运行，会危及抢险作业人员的人身安全或行车安全时，应向行车调度员申请进行封锁区间。

8）故障处理完毕后，由现场事故处理负责人报告行车调度员恢复设备正常使用。

（2）处理程序　道岔故障时列车运行组织方法，详见表6-8。

表 6-8　道岔故障时列车运行组织方法

作业岗位	运行组织方法
车站值班员	道岔故障时，立即向通号部、工建部生产调度室报修，并向行车调度员报告； 根据行车调度员命令进行站控； 确认道岔位置正确后用钩锁器锁闭道岔、凭手信号接发列车； 道岔故障处理完毕，会同抢修人员进行试验
行车调度员	发现道岔故障时，立即通知通号部、工建部，客运公司生产调度室、运行公司乘务部轮乘室； 通知全线各次列车司机； 报告线路值班主任； 立即下放"站控"，站控失败时，向车站值班员下达"强行站控"并就地操作的命令； 下达准许道岔抢修人员进入道岔区的抢修作业命令； 若能现场操作办理进路和中间站道岔故障但能固定开通正线时，应尽量维持列车运行； 第一时间确认现场事故处理负责人并通知全线各次列车司机采用"现场"方式办理； 通知停运车站停止售检票，并将停运车站及停运原因通告全线； 故障期间行车调度员及时调整列车运行秩序，采用小交路、大小交路套跑等方式维持运营，将调整后的列车运行交路，通知轮乘室相应列车司机，并通知客运公司生产调度室，做好客运组织； 列车通过故障道岔，并在车站停稳后，通知现场事故处理负责人准备后续列车进路； 接到现场事故处理负责人故障修复报告后，通知车站将 ATS 控制权交控制中心，确认道岔钩锁器撤除、人员机具撤离现场后，恢复正常行车组织方式，立即通知全线列车司机和车站恢复正常运行；并按报告流程向相关领导进行报告
列车司机	接到命令后在指定地点降为 RM 驾驶模式，凭车站现场人员给出的手信号通过故障道岔所在的进路； 驾驶过程中加强瞭望，控制车速，发现异常及时采取措施，确保安全
道岔维修人员	接行车调度员抢修作业命令后进入现场抢修； 配合现场事故处理负责人进行抢修

2. 列车挤岔行车组织

（1）关键指引

1）车站值班员（车场调度员）发现挤岔报警，应立即呼叫挤岔列车紧急停车，报告行车调度员。

2）列车司机应立即紧急停车，挤岔事故发生后的列车严禁后退，并报告行车调度员。

3）行车调度员接到列车挤岔事故报告后，通知列车司机列车严禁后退；列车司机确认现场情况，并将现场情况报告行车调度员。

4）视情况启动区间乘客步行疏散救援预案。

5）由车站（车场）负责，按列车运行的进路对被挤坏的道岔用钩锁器锁死，并确认具备行车运行条件后向行车调度员报告，车辆公司确认列车走行部分正常，具备动车条件后向行车调度员报告，行车调度员方可同意列车开往前方站清客，将挤岔列车转入就近故障车停留线或放空回段。

6）车辆公司、通号公司、客运公司和工建部抢修人员立即赶赴现场，检查车辆、道岔及转辙机构的损坏程度后，积极抢修，排除故障，进行全部试验，确认道岔良好后，由工建部抢修负责人向行车调度员报告恢复使用。

7）如列车挤岔后脱轨，按脱轨事故处理。

（2）处理程序　列车挤岔时运行组织方法，详见表6-9。

表 6-9　列车挤岔时运行组织方法

作业岗位	运行组织方法
车站值班员	发现挤岔报警后，立即呼叫列车司机停车，并报告行车调度员
车场调度员	发现挤岔报警后，立即呼叫列车司机停车，并报告行车调度员
列车司机	得知列车挤岔后，立即紧急停车，列车严禁后退； 确认现场情况，将挤岔的具体位置、是否影响邻线等情况，向行车调度员报告； 人工广播安抚乘客
行车调度员	命令司机立即停车待命； 确定列车次、停留地点、被挤道岔号码、受影响区段及是否影响邻线行车，确定列车载客量及人员伤亡情况，并报告线路值班主任； 通知通号公司、工建部、电气部、车辆公司生产调度室组织抢修，通知相关各站做好运营服务工作； 扣停后续列车，组织其他区段列车小交路运营； 封锁发生事故的车站及相邻区间； 命令车站按列车运行的进路对被挤坏的道岔用钩锁器锁死，并确认具备行车运行条件后向行车调度员报告。车辆公司确认列车走行部分正常，具备动车条件后向行车调度员报告，行车调度员方可同意列车开往前方站或退回后方站清客，将挤岔列车转入就近故障车停留线或放空回段； 向抢修人员下达进入轨行区的抢险作业令； 用钩锁器将道岔锁死列车主要行车方向，维持列车运行； 工建部、通号公司应急抢险人员确认道岔故障已经修复后，调整列车运行秩序，恢复全线正常运营

【学习小结】

1. 信号设备故障主要包括列车自动监控子系统故障、列车自动防护子系统故障、列车自动驾驶子系统故障、联锁故障、轨道电路故障等。

2. 当信号联锁系统发生故障时，一般采用电话闭塞组织行车，电话闭塞是在没有机械、电气设备控制的条件下，仅凭电话联系来保证列车空间间隔的行车闭塞法，安全程度较低。

3. 轨道电路故障一般分为区间轨道电路故障和车站道岔区段轨道电路故障。

4. 道岔故障一般分为电气故障和机械故障，电气故障一般属于信号系统层面的故障，而机械故障属于轨道层面的故障。

5. 道岔机械故障表现为道岔尖轨尖端部分密贴而竖切部分不密贴、挤切销断、尖轨断裂等，一般还会表现出道岔电气故障的现象。

【知识巩固】

一、填空题

1. 信号设备故障主要包括＿＿＿＿＿＿＿＿、＿＿＿＿＿＿＿＿、＿＿＿＿＿＿＿＿、＿＿＿＿＿＿＿＿、＿＿＿＿＿＿＿＿等。

2. 当信号联锁系统发生故障时，一般采用_____组织行车。

3. 轨道电路故障一般分为_____和_____轨道电路故障。

4. 道岔故障一般分为_____和_____。

二、选择题

1. 联锁、轨道电路、ATP 轨旁设备出现故障时，以及列车紧急制动以后采用（　　）。

A. ATO 模式　　　　　　　　　　　　B. ATP 模式

C. RM 模式　　　　　　　　　　　　　D. AR 模式

2. 车载 ATP 设备故障或联锁系统故障后采用降级的行车组织方法（如电话闭塞法）时使用（　　）驾驶模式。

A. ATO 模式　　　　B. SM 模式　　　　C. RM 模式　　　　D. URM 模式

3. （　　）指的是 ATP 保护下的人工驾驶模式。

A. ATO 模式　　　　B. SM 模式　　　　C. RM 模式　　　　D. URM 模式

三、简答题

1. 简述不同 ATS 故障类型列车运行组织方法

2. 简述计轴区段红光带时行车组织方法。

3. 简述道岔故障时行车组织方法。

任务二　突发事件的行车组织

【任务描述】

　　行车突发事件是指在轨道交通车站、车场或列车上等运营生产场所，突然发生造成或可能造成运营工作无法正常进行、严重危害社会，需要采取应急处置措施，予以应对的自然灾害、火灾或恐怖袭击等事件。本任务以外来人员侵入轨行区、火灾、暴雨天气的应急处置为例，介绍了相应的行车组织及突发事件处置方法。

【学习目标】

知识目标	技能目标	素养目标
1. 掌握不同人为因素影响下行车组织方法； 2. 掌握自然灾害影响下的行车组织方法。	1. 能够根据外来人员侵入轨行区行车组织流程进行角色模拟演练； 2. 能够根据火灾行车组织流程进行模拟演练； 3. 能够根据特殊天气行车组织流程进行模拟演练。	1. 培养学生"安全第一"的责任意识； 2. 突发事件发生时，学生能据规章要求，进行正确的处置； 3. 具备服务人民、保障国家和人民安全的职业意识和奉献精神。

【理论知识】

一、人为因素影响行车作业情况

人为因素包括内部员工和外部人员的因素，一般涉及人的生理、心理等因素，因而对行车组织影响的人为因素很多。

1. 轨行区拾物的处理

（1）轨行区拾物处理原则

1）发现乘客物品掉落轨道，首先确认物品是否影响行车。

2）使用夹物钳时，应注意不要高举钳子，以免与接触网接触，造成触电事故。

3）当需要取物时，要向行车调度员请示，得到行车调度员同意后才能实施，并做好安全防护，疏散周围围观乘客。

4）打开站台门时要做好该门的安全隔离工作，防止乘客误进入该站台门，而发生乘客掉落轨道危及乘客安全的事故。

（2）轨行区拾物站台工作人员处理要点

1）接到乘客通知后马上将情况报告车控室，并安抚乘客。

2）立即到现场查明情况，向车控室汇报情况。

3）尽快拿夹物钳、隔离带到现场，隔离该处站台门；得到值班站长指示后，用钥匙打开该站台门，到物品掉落处将物品夹起。

4）得到值班站长指示后，恢复站台门的使用，撤回隔离。

2. 发生火灾时的行车事故处理

（1）火灾事故报告　一旦车站发生火灾，司机应立即报告控制中心，并报告119火警和110报警中心。应报告如下几点：

1）火灾的确切地点。

2）火灾原因的初步判断。

3）火灾蔓延趋势及方向。

4）现场扑救力量。

5）人员伤亡及救助情况。

6）设备损失及对行车的影响。

（2）灭火自救

1）移走可燃物。将燃烧点附近的可燃物迅速移开，以防止火势蔓延，没有可燃物，燃烧自然就会中止。

2）冷却降低燃烧物的温度。燃烧物的温度降到燃点以下，燃烧就会停止。

3）隔绝空气。燃烧物得不到充足的氧气也会熄灭。

4）切断电源。发生火灾后，应迅速切断电源，防止火灾事故扩大。

5）引导消防人员进入灭火现场。如果火势很大依靠员工无法控制时，应撤离车站。

（3）逃生帮助

1）指导所有人员有效逃生，避免烟熏窒息。火灾发生后，烟雾是人员伤亡的第一杀手。在指导大家逃生时，应捂住鼻子，低头弯腰腰贴地快速跑出烟雾区，避免中毒。

2）启动隧道通风排烟系统。输送新鲜空气，将烟雾向远离乘客疏散方向的一端排出。

（4）火灾处理

1）车站火灾：

① 车站报告及扑救火灾。

② 值班站长证实火灾后，应立即上报行车调度员，并立即拨打 119 火警等，并提醒乘客远离火灾现场。

③ 车站疏散。车站人员应非常熟悉疏散线路及疏散集合地。站务员接到疏散指示后，应立即停止售票；关闭售票机和充值机，且迅速撤离车站。

④ 火灾后的处理。行车调度员应停止所有须经过该站的列车运行，严禁将列车放入着火车站，并通知行车值班员对车站现场进行清理。待事故隐患彻底消除后，列车即可开行，车站重新恢复运营。

2）列车火灾：

① 司机报告及前期准备。

② 列车着火后，应对乘客进行安抚情绪，然后再把车内火灾情况向行车调度员进行报告，并指导乘客使用车厢中的灭火器灭火自救。

③ 列车在区间发生火灾时的处理。发生火灾的列车处于区间时，应尽量将列车驶入前方站，再进行处理，这样便于利用站台疏散乘客和组织扑救火灾。

④ 行车调度员的处理。行车调度员应停止续行列车的开行，并停止相邻线路的行车，等彻底灭火后，组织开行救援列车，将着火列车拉近附近的停车场、车辆段或侧线。

3. 列车冒进信号的行车事故处理

（1）列车冒进信号后未压上道岔时的处理

1）司机的处理。确认列车冒进信号的原因、停车位置及与防护信号机的距离、前方无道岔或前方有道岔但未压上等情况后，向控制中心行车调度员报告。通过广播说明情况，安抚乘客。得到行车调度员的退行命令后，根据车站有关人员的手信号，以较低速度退行进站，停于站内列车停车位置标记处。待列车退行到站停妥后，根据具体情况开关车门，保证乘客上、下车。

2）行车值班员的处理。发现列车冒进信号后，确认列车运行前方没有道岔或有道岔但未压上，立即向控制中心行车调度员报告。接到行车调度员准许列车退行会车站的指示后，安排有关人员向司机发出退行信号，指示列车退行回车站，停于规定位置处。维持好站台秩序，防止乘客拥挤，以免发生危险。

3）行车调度员的处理。得到列车冒进信号的报告后，立即指示该列车司机停车，不得再移动列车。停止续行列车的运行，将其尽量驶往就近车站停留，避免停在区间。

（2）列车冒进信号后压上道岔时的处理

1）司机的处理。列车冒进信号，经查看压上前方道岔后，检查是否挤岔或脱轨，立即向控制中心行车调度员报告。不得移动列车，避免未脱轨造成脱轨以及脱轨的扩大事故。通过广播说明情况，安抚乘客，等待维修人员到达后再进行处理。

2）行车值班员处理。得知列车冒进信号后，根据行车调度员的指示，前往现场检查，确认列车压上道岔，查看道岔破坏程度、列车是否挤岔或脱轨，将道岔锁闭到适当位置。向控制中心行车调度员报告停车地点、道岔当前位置、道岔是否破坏、是否影响邻线行车。按照行车调度员的安排以及具体情况进行清客和列车救援。

3）行车调度员的处理。得到列车冒进信号并压上道岔的报告后，立即指示该列车司机停车，不得再移动列车，防止扩大事故。停止续行列车的运行，将其尽量驶往就近车站停留，避免停在区间。指示附近车站派人前往现场检查，了解道岔破坏程度、列车是否挤岔或脱轨。根据事故的严重程度，决定是否清客。当事故列车驶离现场后，对轨道及道岔进行检查和试验，恢复列车运行。

4. 乘客进入轨道的行车事故处理

（1）乘客进入轨道后迅速返回站台的处理

1）站务员：

① 发现有乘客进入轨道后迅速按下站台上距离自己最近的紧急停车按钮，同时通知行车值班员。

② 劝说并帮助进入轨道的乘客迅速返回站台。

③ 乘客返回站台后，将其带到安全地区，并及时通知行车值班员。

2）行车值班员：

① 当得到站务员的通知或者从电视监控器中发现有乘客进入轨道时，若站台上紧急停车按钮还未按下，则迅速按下车控室内紧急停车按钮。

② 立即向值班站长和行车调度员报告。

③ 密切监视事件的发展。

④ 待站务员汇报乘客返回站台后，向值班站长及行车调度员报告。

⑤ 记录好事件处理的全过程。

3）值班站长：

① 得到信息后，迅速赶往事发现场。

② 在乘客返回站台后，对其进行说服教育工作，并征询派出所的处理意见。

③ 向站长和行车调度员进行汇报。

4）行车调度员：

① 得到信息后立即采取措施，防止其他列车进入受影响的区域，同时提醒车站人员切实按下紧急停车按钮。

② 迅速通知控制中心主任调度。

③ 通知公司派出所。

④ 在值班站长报告事件处理完毕后，检查、确定是否具备行车条件，组织相关部门恢复行车。

（2）乘客进入轨道后跑向区间的处理

1）站务员：

① 发现有乘客进入轨道后迅速按下站台上距离自己最近的紧急停车按钮，同时马上对其警告。

② 通知行车值班员和值班站长，乘客进入轨道的股道、跑动的方向、与站台的距离等信息。

③ 维护站台乘车秩序，避免乘客围观造成新的乘客进入轨道事件。

④ 听从值班站长安排，处理好事件。

2）行车值班员：

① 当得到站务员的通知或者从电视监控器中发现有乘客进入轨道时，若站台上紧急停车按钮还未按下，则迅速按下车控室内紧急停车按钮。

② 迅速通知行车调度员和值班站长，同时密切监视事件的发展。

③ 马上通知站务人员扣停从本站发往该区间的列车，同时立即通知邻站禁止向该区间发车。

④ 通过广播及时疏散事故发生地周围的乘客，防止乘客围观造成新的乘客进入轨道事件发生。

⑤ 根据值班站长的指示，通知站长、公司派出所等相关部门。

⑥ 随时将事件的发展情况向行车调度员报告，行车调度员将信息传达至相关人员。

⑦ 记录好事件处理全过程。

3）值班站长：

① 得到信息后，迅速前往事发现场。

② 通知行车值班员与公司派出所等相关单位，并告知值班站长。

③ 组织本站的站务人员，维护好乘车秩序。

④ 在民警不能及时到达的情况下，向行车调度员申请下路轨，在保证安全的前提下跟踪进入轨道的人员，密切监视进入轨道人员的动向，劝说其返回站台。

⑤ 在遵守公司规章制度和保证人身安全的前提下，配合民警进行相关处理。

⑥ 事件处理完毕，在检查现场情况正常、确认线路出清后，向行车调度员报告事件已处理完毕、申请恢复行车，并及时通知值班站长。

4）行车调度员：

① 得到信息后立即采取措施，防止其他列车进入受影响的区域，同时提醒车站人员切实按下紧急停车按钮。

② 迅速通知控制中心主任调度。

③ 及时通知派出所等相关部门。

④ 在值班站长报告事件处理完毕后，检查、确定是否具备行车条件，组织相关部门恢复行车。

（3）乘客进入轨道后导致身体受伤、无法返回站台的处理

1）站务员：

① 发现有乘客进入轨道后迅速按下站台上距离自己最近的紧急停车按钮。

② 如果乘客受伤，立即通知行车值班员及值班站长，报告乘客进入轨道的位置、受伤情况等相关信息。

③ 维护站台乘车秩序，避免乘客围观造成新的乘客进入轨道事件发生。

④ 听从值班站长安排，处理好事件。

2）行车值班员：

① 当得到站务员的通知或者从电视监控器中发现有乘客落轨时，若站台上紧急停车按钮还未按下，则迅速按下车控室内紧急停车按钮。

② 迅速通知行车调度员和值班站长，同时密切监视事件的发展。

③ 通过广播及时疏散事故发生地周围的乘客，防止乘客围观造成新的乘客进入轨道事件发生。

④ 根据值班站长的指示，通知站长、派出所、120 等相关部门。

⑤ 随时将事件的发展情况向行车调度员报告，行车调度员将信息传达至相关人员。

⑥ 记录好事件处理全过程。

3）值班站长：

① 得到信息后，迅速前往事发现场，并通知行车值班员告知中心站长。

② 如果乘客受伤，值班站长应本着救死扶伤的精神，在现场安抚乘客情绪，同时询问乘客是否需要就医。

③ 如乘客提出就医要求，值班站长应通知行车值班员，并与派出所及120进行联系。

④ 组织本站人员，维护好乘车秩序，迅速将伤者移离轨道。

⑤ 事件处理完毕，在检查现场情况正常、确认线路出清后，向行车调度员报告事件已处理完毕、申请恢复行车，并及时通知中心站长。

4）行车调度员：

① 得到信息后立即采取措施，防止其他列车进入受影响的区域，同时提醒车站人员切实按下紧急停车按钮。

② 迅速通知控制中心主任调度。

③ 通知公司派出所和120。

④ 在值班站长报告事件处理完毕后，检查、确定是否具备行车条件，组织相关部门恢复行车。

二、自然灾害影响行车作业情况

1. 自然灾害对轨道交通运营的影响

自然灾害通常是指强台风、暴雨、雷暴、地震等。自然灾害一方面可以直接影响正常行车组织，另一方面会导致设备系统故障，从而影响正常行车组织。

1）强台风由于风力大，会对地面线路、车辆段的设备和设施造成较大的影响，同时也会带来暴雨，引发车站出入口进水，从而影响车站的正常运作。

2）暴雨通常会对车站出入口造成进水的威胁，同时，暴雨还可能造成山体滑坡，可能造成地面线路中断。

3）雷暴通常对电气设备的影响最大，可能造成供电系统跳闸、设备损坏。

4）暴雪通常对地面线路的威胁最大，会影响列车限速运行或使道岔无法转动，情况严重的会导致地面线路的接触网断线，最终造成行车中断。

5）地震主要对城市轨道交通的构筑物造成影响，震级高的地震会造成隧道、建筑物坍塌，这将导致线路中断，且中断不是短时间内能够恢复的。由于地震有太大的不确定性，并且不以人的意志为转移，所以在处理上只能在微震期间将人员疏散出站，减少人员伤亡，降低损失。

2. 恶劣天气时的行车组织

1）在恶劣天气条件下的行车组织，以确保行车安全为原则，采取降低运行速度、严格控制一个站间区间只准同方向一列车占用的办法组织行车。

2）当遭遇恶劣气候影响运营时，车站（高架及地面）应做到：

① 各岗位要按照分工加强对各自负责区域的检查和巡视，发现危及运营安全情况时，立即向控制中心（OCC）行车调度员、设修调度员汇报。

② 车站值班站长在得到恶劣天气的消息后，要立即向全体员工发出信息通报，并对关键岗位提出安全工作要求，并赶赴现场了解情况，并组织人员、物资进行先期处理。

③ 遇恶劣气候影响司机瞭望或危及运营安全时，司机立即向行车调度员汇报。特殊地

段（出入基地、进站、曲间弯道）操纵列车，应采取减速运行、加强瞭望等安全措施，确保列车运营正常。

④ 站务人员应提前出厂接车，对接车线路接触网、路轨状况及候车乘客密切观察，发现有危及行车及人身安全情况时，应及时采取有效措施（按下紧急按钮）将列车拦停。

⑤ 控制中心（OCC）根据气象预报的预警信息，立即向运营公司领导和有关部门、中心通报，当大雾、暴风、雨、雪、严寒等恶劣天气来临时，提供不同等级的预警与预报。

⑥ 控制中心（OCC）根据各类天气的影响程度和相应级别向运营公司领导报告，经同意后成立指挥机构和现场处置机构。

⑦ 控制中心对现场恶劣气候条件下的防范措施进行检查、指导，及时向车站发布运营信息。

⑧ 控制中心执行指挥机构指令，对不具备安全运营条件的车站下达关闭命令，启动公交接驳方案。

⑨ 控制中心组织具备运行条件的区段维持运营。

3）大风天气下：

① 站务人员正确佩戴工作帽，防止意外发生。

② 留意接触网是否有异物垂悬以及轨道是否有异物阻塞，并及时报告行车调度员进行处理。

③ 值班站长应指派专人对站台上的可移动物品进行加固。

4）冬季雪天下组织作业：

① 值班站长应及时采取防滑措施，并指派保洁人员随时对站台上的积雪进行清扫。

② 有道岔的车站应及时开启道岔加热装置。

5）高温天气下组织作业：

① 站务人员要留意乘客候车情况，保证乘客远离安全线。

② 注意自身状况，如有不适，必须及时报告上级主管以做安排。

6）雷雨天气下组织作业：

① 值班站长应指派保洁人员随时对站台上的积水进行清扫，并采取有效措施。

② 站务人员在作业时，应注意防滑。

③ 随时观察接触网情况，发现异常立即报告行车调度员。

3. 地震

当发生高震级地震时，线路、轨道肯定会发生不同程度的移位与变形，排水系统和其他建筑物也将遭受严重破坏，全线应立即停止运营，车站开放所有通道引导乘客出站。停在区间的列车在线路条件允许的情况下，司机以低速驾驶列车进入前方就近站清客；如线路已经严重破坏，则通过区间隧道疏散车上乘客。

地震过后，组织对全线设备进行检查、测试、抢修，确认各系统技术状态正常后，再决定恢复全线正常运营。

【实践技能】

一、外来人员侵入轨行区行车组织

为快速、有效地处理外来人员侵入轨行区的突发事件，避免和减少此类事件对乘客的伤害及对运营的影响，列车司机、车站人员、行车调度员等均须按照"运营突发事件应急处置预案"的规定，根据处置流程，进行处置。

1. 关键指引

1）首次发现有外来人员侵入隧道及区间的列车司机，限速 15km/h 接近，不影响列车通过时可继续运行，同时报告行车调度员。

2）值班员发现周界系统报警指示后，应立即向行车调度员报告，行车调度员安排司机瞭望，区间较短的情况，车站立即派保安迅速到现场确认，将确认结果及时向行车调度员报告。

3）组织车站人员登乘后续列车司机室搜寻外来人员，同时组织前方站人员登乘驶入本站的列车司机室进行交叉搜寻。

4）后续列车司机待车站人员登乘驾驶室后，行经该区域时加强瞭望、减速鸣笛。目视未发现异常时，限速 45km/h 行驶；当发现有外来人员时，限速 15km/h 接近后停车，强制将外来人员带上车，交前方站处理。

5）车站人员添乘后续列车未发现外来人员时，相邻车站安排人员再添乘后续下一班列车。若连续三班列车均未发现外来人员，则视为外来人员已自行离开轨行区，列车恢复正常速度运行。

6）当列车撞上外来人员时，按"地铁列车撞人员应急预案"处置。

2. 处理程序

外来人员侵入的列车运行组织方法，详见表 6-10。

表 6-10　外来人员侵入的列车运行组织方法

作业岗位	运行组织方法
车站值班员	发现有外来人员侵入隧道时，应立即报告行车调度员、运管中心、安全质量管理部、市公安局轨道交通分局
列车司机	发现有外来人员侵入隧道的列车司机，限速 15km/h 接近，不影响列车通过时可继续运行，同时报告行车调度员； 当外来人员影响行车时，立即停车，报告行车调度员，尽量劝导外来人员退出轨行区或撤至安全区域后动车； 做好乘客安抚工作
行车调度员	立即通报在线列车司机外来人员所在区间，要求行经该区域时加强瞭望、减速鸣笛； 立即报告线路值班主任、报告运营公司生产调度员； 根据现场报告情况及时调整或扣停相关列车； 通知相关运营公司生产调度室，组织本站和后方相邻车站人员登乘后续列车司机室搜寻外来人员，同时组织前方站人员登乘驶入本站的列车司机室进行交叉搜寻； 通过配套的防区摄像机，搜寻外来入侵人员； 得到车站值班员连续三班列车均未发现外来人员的报告后，视为外来人员已自行离开轨行区，组织列车恢复正常速度运行； 当列车撞上外来人员时，按"地铁列车撞人应急预案"处置； 根据现场情况组织列车运行； 协调、配合相关部门实施应急处置； 调整列车运行秩序，处理时间较长时，在具备条件的区段开行小交路
列车司机	根据行车调度员命令，待轨道公安民警、保安或车站人员上车后动车，未发现外来人员时，限速 45km/h 运行；发现外来人员时，限速 15km/h 接近，停车后将其强制带上列车，交前方站处理； 当列车撞上外来人员时，按"地铁列车撞人应急预案"处置

二、地下车站火灾的行车组织

为及时、有效处理地下车站发生的火灾事件，及时疏散车站乘客，尽量避免人员伤亡和减少损失，列车司机、车站人员、行车调度员、环控调度员等均须按照"运营突发事件应急处置预案"的规定，根据处置流程，进行处置。

1. 关键指引

1）处理地下车站火灾事件的原则是及时疏散乘客，扑灭初起火灾。
2）及时报告市公安局轨道交通分局，拨打 119、120。
3）环控调度员执行相应的环控火灾工况模式。
4）行车调度员及时拦停有关列车，根据实际情况调整列车运行交路。

2. 处理程序

地下车站发生火灾时的列车运行组织方法，详见表 6-11。

表 6-11 地下车站发生火灾的列车运行组织方法

作业人员	运行组织方法
列车司机	发现车站站台发生火情，立即报告行车调度员； 按行车调度员命令退行回后方站； 如进站时发现车站站台火灾，按调度命令不停车通过发生火灾的车站； 在站的上、下行列车立即动车开往前方站； 广播通知安抚乘客； 线上所有列车司机接行车调度员命令后，广播向乘客进行通报，引导前往该站的乘客换乘其他交通工具
车站值班员	立即派人现场确认火灾地点、着火情况和伤亡等情况，向值班站长报告； 通过 FAS 系统发现车站发生火灾报警时，立即派人到现场确认，确认后立即报告环控调度员和行车调度员； 及时报告安全质量管理部、市公安局轨道交通分局，拨打 119、120； 向涉及的接口单位通报火灾信息； 得到值班站长封站的命令后，立即报告行车调度员； 立即按压 AFC 紧急按钮，打开全部进、出站闸机； 立即对车站所有区域（公共区、设备区等）进行广播，通知人员疏散； 如果中心级无法操作，环控调度员下放站控后，由车站值班员在车站级操作，操作失败后在 IBP 盘上操作； 若联动切除非消防电源失败，在 FAS 主机上手动操作切除非消防电源； 通过 CCTV 观察车站情况，保持与行车调度员和环控调度员联系，随时报告处理进度
行车调度员	接到车站值班员车站发生火灾事件报告后，立即报告线路值班主任、环控调度员并通知相关专业部生产调度室； 命令在站的上、下列车立即开车； 拦停开往本站的上、下行列车；来不及拦停的列车令其不停车通过； 扣停后续列车； 向全线发布运营受阻信息，在具备运行条件的区段，组织列车小交路运行，调整列车运行秩序

三、暴雨天气的行车组织

为避免暴雨天气对城市轨道交通运营的影响，车站人员、列车司机、行车调度员等均须按照"运营突发事件应急处置预案"的规定，根据处置流程，进行处置。

1. 关键指引

1）接到气象台或上级部门暴雨预警的通知后，行车调度员及时通知运营各部生产调度室。

2）运营各部生产调度室立即报告本部门领导，提前安排人员待令，做好随时进行应急抢险的准备。

3）工务维保部加强对存在滑坡隐患的区间线路进行重点巡查。

4）发现险情及时报告，并启动暴雨天气应急预案。

2. 处理程序

暴雨天气时列车运行组织方法，详见表6-12。

表6-12 暴雨天气时列车运行组织方法

作业岗位	运行组织方法
列车司机	发现暴雨来临时，立即报告行车调度员； 注意瞭望，控制速度，并开启列车前照灯； 列车在高架站进站前应鸣笛
车站值班员	发现暴雨来临时，立即报告行车调度员； 报告安全质量管理部
行车调度员	接到暴雨天气、能见度较低等异常情况的报告后，立即报告线路值班主任； 通知相关运营公司生产调度室； 加强对列车运行情况的监视，时刻关注在线列车的运行状况； 通知各车站做好站台乘客的安全组织工作； 通知司机注意瞭望，控制速度，随时与司机保持联系； 根据暴雨对列车运行速度的影响，及时调整列车运行图

【学习小结】

1. 人为因素包括内部员工和外部人员的因素，一般涉及人的生理、心理等因素，因而对行车组织影响的人为因素很多。

2. 自然灾害通常是指强台风、暴雨、雷暴、地震等。自然灾害一方面可以直接影响正常行车组织，另一方面会导致设备系统故障，从而影响正常行车组织。

【知识巩固】

一、填空题

1. 人为因素包括_____和_____的因素，一般涉及人的生理、心理等因素，因而对行车组织影响的人为因素很多。

2. 发现乘客物品掉落轨道，首先确认物品_____。

3. 一旦车站发生火灾，司机应立即报告_____，并报告119火警和110报警中心。

4. 列车着火后，应对____进行安抚情绪，然后再把车内火灾情况向_____进行报告，并指导乘客使用车厢中的灭火器灭火自救。

5. 站务员发现有乘客进入轨道后，迅速按下站台上距离自己最近的_____，同时通知_____。

二、简答题

1. 简述地下车站发生火灾的行车组织方法。
2. 简述暴雨天气时的行车组织方法。

任务三　特殊情况下的行车组织

【任务描述】

特殊情况下的行车组织措施是指在正常的行车组织办法受到干扰的情况下，在列车运行控制上采取的一系列非正常措施，包括列车救援、列车退行、列车反方向运行、扣车等。本任务将对以上的行车组织措施进行介绍。

【学习目标】

知识目标	技能目标	素养目标
1. 掌握列车救援的种类以及救援的操作步骤等； 2. 掌握列车反方向运行、退行、跳停、扣车的相关规定。	1. 能够根据列车突发情况实施列车救援； 2. 能够根据列车脱轨行车组织，进行模拟演练。	1. 培养学生"安全第一"的责任意识，能够根据具体情况采取合理的行车组织措施； 2. 培养学生正确认识问题、分析问题和解决问题的能力； 3. 培养学生的语言、文字表达能力和沟通能力。

【理论知识】

一、列车救援

列车救援指的是当列车在正线上由于失去动力或因故障无法在规定时间内动车时，通过其他列车与其连挂，采用牵引或推进的救援方式使之及时驶离正线，以确保正线运行的安全畅通。列车救援一般由司机申请，行车调度员发布命令组织实施。

1. 救援的分类

1）按救援作业实施位置划分，列车救援可分为车站救援和区间救援。

① 车站救援。列车连挂位置在站内的救援。

② 区间救援。列车连挂位置在区间的救援。

列车区间救援方法包括列车自救（利用坡道或列车惰力滑行时，应在接触网有电和空气制动机、空压机良好的情况施行）、纵向连挂救援和区间疏散救援等。

2）按救援作业完成后列车运行方式划分，列车救援可分为牵引救援和推送救援。

① 牵引救援。以列车头部作为牵引点。

② 推进救援。以列车后部作为牵引（推送）点。

2. 司机申请救援的内容

1）列车车组号、迫停地点（区间、公里标）。

2）是否妨碍邻线的列车运行。

3）申请救援的原因。

4）有无人员伤亡及其他有必要说明的事项。

3. 列车救援组织原则

1）担任救援的列车，必须在车站清客后，才能担任救援任务，严禁载客救援（已经进入同一站间区间的续行列车除外）。

2）在进行故障救援时，要根据事故现场情况，全面考虑各种救援方案的利弊得失，选择安全、有效的救援方案。

3）纵向连挂救援可以及时腾空区间，又可以同时将乘客接回车站，是列车故障救援的首选方案。

4）当值司机根据救援连挂流程，自行负责连挂。

5）列车被迫在区间停车，预计短时间内无法恢复时，总调度长立即启动区间乘客步行疏散救援预案。

6）列车司机根据就近原则应向行车调度员建议乘客疏散方向，行车调度员命令疏散方向的车站立即派出救援人员，到列车停车位置接应乘客。

4. 列车区间救援具体流程

（1）列车自救　列车在运行途中发生车辆、接触网故障，发生火灾、爆炸或遭遇毒气袭击时，司机确认列车制动系统功能正常，在不危及行车安全的情况下，尽量利用列车运行惰力或坡道运行到前方车站，或者在得到行车调度员准许后，退回后方车站疏散乘客。

（2）地铁列车纵向连挂救援的组织流程

1）司机尽量将故障列车停在平直线上，向行车调度员报告列车详细情况，请求救援，并报告行车调度员切除车载 ATP。

2）用广播安抚乘客，稳定乘客情绪。向行车调度员了解救援列车来车方向。将方向手柄回"0"，按压停放制动按钮，防止列车溜逸。打开救援列车来车方向头灯，做好防护工作。带上对讲机、信号灯（信号旗）下车在距本车 20m 处手持红灯信号进行防护。待救援列车一度停车后，移步至故障车车钩侧方，指挥救援列车在距故障列车 2~3m 处二度停车。确认两车车钩钩锁销位置正确，钩槽内无异物。

3）指挥救援列车进行连挂，确认列车连挂到位，手动解钩拉杆已复位。指挥救援列车两次试拉，试拉成功后，将钩锁销插入车钩钩锁销孔。

4）上车查看总风压力，用对讲机告知救援列车司机，确认两列车总风压力一致。

5）连接电气连接线，进行故障车紧急制动试验。

6）进行救援列车制动试验和启动试验。

7）缓解停放制动及保持制动。

8）确认以上操作完毕后，根据救援列车司机指令进行救援运行。救援运行过程中应与救援列车司机保持联络，确保救援安全顺利进行。推进运行时负责瞭望，确认信号，及时通知救援列车司机运行位置和线路、道岔、信号等情况，遇有紧急情况及时通知救援列车司机采取措施，确保安全停车。

（3）地铁列车区间疏散救援的组织流程

1）司机立即施加紧急制动和停放制动，防止列车遛逸。立即报告行车调度员，请求区间乘客步行疏散救援。向行车调度员建议乘客疏散方向。

2）行车调度员接到列车司机列车因车辆故障、接触网失电等原因，被迫在区间停车，无法继续运行时，立即向两端车站发布封锁区间的调度命令。立即命令疏散方向的车站派出救援人员。在车站或单洞双线隧道内的邻线列车停车后，才能向列车司机下达准许乘客下车的命令。扣停后续列车。向全线发布运营受阻信息，在具备运行条件的区段，组织列车小交路运行，调整列车运行秩序。

3）司机收到行车调度员步行疏散乘客的口头命令后，降下受电弓，架设紧急疏散通道，做好疏散前的准备。广播通知乘客疏散方向。

4）车站值班员接到行车调度员可以进入区间救援的命令后，立即向值班站长报告。记录进入区间救援人员数量，同时报告行车调度员。随时了解现场救援进度，将救援情况及时向行车调度员、生产调度人员等上报。救援完毕，所有乘客全部疏散到车站，救援人员和器具全部撤离轨行区后，立即向行车调度员报告。

二、列车反方向运行、退行、跳停、扣车

正常情况下上行方向列车在上行线运行，下行方向列车在下行线运行。根据需要放上行方向列车在下行线运行或下行方向列车在上行线运行时，称为列车反方向运行。

在非正常情况下，地铁列车部分或全部车厢越过站台需退回站台办理乘降作业，或列车从区间返回发车站称为退行。

跳停是指在非正常情况下，根据运营需要，将停站列车变更为通过列车。

扣车是指在特殊情况下，根据需要将列车扣停在站台。

1. 列车反方向运行的规定

1）运营列车原则上禁止反方向运行。

2）特殊情况下，可以组织运营列车反方向运行。

3）因灾害、设备故障造成行车中断后，空返回车场的列车可反方向运行。

4）救援列车反方向运行时，行车调度员应确认故障列车停车位置后，发布封锁区间的书面调度命令和救援列车反方向运行的电话调度命令。

5）列车反方向运行时，司机得到行车调度员准许反方向运行的电话调度命令，改用切除ATP 模式，限速 25km/h 运行，凭车站的引导手信号接车进站。

2. 列车退行的规定

1）列车需退行时，司机应向行车调度员报告，行车调度员同意后方可退行。

2）行车调度员得到司机退行请求后，确认后方各闭塞分区、后方站空闲，经与司机确认主风缸的风压正常、制动效能良好，行车调度员方可向司机下达退行的电话调度命令。

3）列车到站停车，车门与站台门的误差不得超过 0.5m。超过 0.5m，需要列车退行对位时：

① 列车对位不准、未超过 2m 时，司机自行按 ATP 监督下的人工驾驶模式退行对位后报告行车调度员。

② 列车对位不准、超过 2m，需退行对位时，司机应向行车调度员报告，行车调度员同意后，方可退行对位。

③ 列车乘降作业完毕动车后，司机不得擅自退行。

3. 跳停的规定

原则上不采用跳停的方法来调整列车运行秩序。但在以下情况时可以组织跳停：

1）车站发生火灾、爆炸或遭遇毒气袭击，来不及拦停列车时，可组织上、下行方向的列车在该车站跳停。

2）车站发现危险物品或发生劫持人质事件需要封站，来不及拦停列车时，可组织列车在该站跳停。

3）车站发生供电故障，导致灯光全部熄灭，不能保证乘客乘降安全时，可组织列车在该站跳停。

4）因折返站折返时间不够而造成行车大间隔或突发大客流时，可组织备用列车或折返列车在始发站和部分车站跳停，放空至客流大的车站载客，以缓解客流压力。

5）不能连续两列车在同一车站跳停，且该车站跳停后，反方向的下一班列车不能再在该车站跳停（车站发生火灾、爆炸等特殊情况可连续跳停）。

6）组织列车跳停时，行车调度员向司机及相关车站发布列车在该站通过的电话调度命令，司机用列车广播通知乘客在该站的后方站或前方站下车。

4. 扣车的规定

1）当列车需要扣停时，行车调度员应在 ATS 上操作。

2）当车站需要扣车时，由车站值班员在 IBP 上操作，并及时通知司机及行车调度员，紧急情况按紧急停车按钮。

3）扣车原则上是"谁扣谁放"，只有在 ATS 故障时，对原 ATS 扣停的列车，经行车调度员授权后由相关车站放行。

【实践技能】

一、救援列车开行案例

3125 次在甲—乙站间下行线 K10+200 处发生故障被迫停车，请求救援。利用在线运行的 3127 次列车担任救援，将故障列车送回车辆段。各站及故障列车、救援列车、车辆段所在位置如图 6-1 所示。

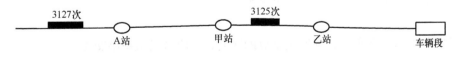

图 6-1　位置示意图

1）行车调度员接到 3125 次司机的救援请求后，应向甲站、乙站、A 站及车辆段发布开行救援列车的命令，见表 6-13。

表 6-13 开行救援列车的命令

受令处所	A—乙站、车辆段信号楼，A 站交 3127 次司机	日期	命令号码	调度员姓名	发令时间
		2008.9.5	201	王一鸣	14:25
命令内容	1. 因 3125 次在甲站至乙站下行线 K10+200 处发生故障请求救援，准许 A—乙站间下行线加开 601 次列车到甲—乙站间下行线 K10+200 处担任救援工作，连挂 3125 次后，推送至车辆段。 2. 601 次由 3127 次担任，在 A 站清客后担任救援。 3. 注意防护信号和安全。 4. 3127 次运行到甲站下行站台待命				

2）待 3127 次运行至 A 站清客完毕后，以规定驾驶模式运行至甲站，等待接受进入事故封锁线路进行救援的命令，封锁线路命令见表 6-14。

表 6-14 封锁线路命令

受令处所	甲站、乙站、甲站交 601 次司机	日期	命令号码	调度员姓名	发令时间
		2008.9.5	202	王一鸣	14:35
命令内容	1. 自接令时起，甲—乙站间下行正线线路封锁。 2. 准许 601 次进入封锁线路进行救援工作				

3）甲站与乙站不需办理行车闭塞手续，在确认发车进路准备妥当后，将封锁命令交与司机作为进入封锁线路的行车凭证。

4）601 次须在距故障列车 3125 次规定距离外停车，然后按照救援指挥人或 3125 次司机的指挥进行连挂作业。

5）确认 601 次救援列车与 3125 次故障列车连挂妥当后，以规定驾驶模式将故障列车推送至车辆段。

6）事故处理完毕后，行车调度员下达甲—乙站间下行正线线路开通的命令，恢复正常行车。线路开通命令见表 6-15。

表 6-15 线路开通命令

受令处所	甲站、乙站	日期	命令号码	调度员姓名	发令时间
		2008.9.5	202	王一鸣	14:50
命令内容	自接令时起，甲—乙站间下行正线线路开通				

二、列车脱轨行车组织应急演练

1. 模拟场景

22:30，十号线 10007 列车在王家庄脱轨。

2. 处置重点

1）及时扣停后续列车，封锁发生事故的区间，相应区段组织小交路。

2）组织乘客区间疏散。

3）迅速起复脱轨、颠覆车辆，恢复线路正常运营。

3. 角色分配

行车调度员、车站值班员、列车司机、值班主任、生产调度员、车场调度员、抢修负责人。

4. 现场情况报告

10007 列车司机：行调，10007 列车司机呼叫。

行车调度员 A：行调收到，请讲。

10007 列车司机：10007 列车在王家庄上行出站后，列车因倾轧异物，TC2 端头部脱轨。

行车调度员 A：10007 列车在王家庄上行出站后，列车因倾轧异物，TC2 端头部脱轨，行调收到。

5. 报告流程

行车调度员 A：值班主任，10007 列车在王家庄上行出站后，列车因倾轧异物，TC2 端头部脱轨。

行车调度员 A：明白，立即按照列车脱轨、颠覆应急预案进行处置。

行车调度员 C：运营二公司生产调度，我是行调，10007 列车在王家庄上行出站后，列车因倾轧异物，TC2 端头部脱轨。

生产调度员：收到，明白。

行车调度员 B：十号电调，我是十号行调，立即对王家庄至悦来上下行接触网紧急停电。

行车调度员 B：十号环调，我是十号行调，10007 列车迫停于王家庄上行出站 150 米，区间乘客向王家庄车站方向疏散，请启动相应工况模式。

行车调度员 C：王家庄车场调度员，我是行调，王家庄车场立即准备内燃机车和备用列车。

6. 事件模拟处置

行车调度员 C 立即扣停后续列车。

行车调度员 B\A\C 组织列车在中央公园至鲤鱼池上下行小交路运行，并分别通知车站、列车司机、轮乘室。

行车调度员 B：王家庄车站，我是行调。

王家庄车站值班员：王家庄车站收到请讲。

行车调度员 B：王家庄车站立即封站，做好乘客步行疏散准备。

王家庄车站值班员：王家庄车站立即封站，做好乘客步行疏散准备。王家庄车站收到。

行车调度员 A\B\C 分别通知全线列车司机、车站、轮乘室：悦来至王家庄上下行运营受阻。

行车调度员 B 发布封锁悦来至王家庄上下行区间的书面调度命令。

电力调度员：王家庄至悦来上下行接触网停电完成。

行车调度员 B：王家庄至悦来上下行接触网停电完成，行调收到。

行车调度员 A 列车司机确认疏散方向为王家庄方向。

行车调度员 B：王家庄车站，我是行调。

王家庄车站值班员：王家庄车站收到请讲。

行车调度员 B：王家庄车站派出人员前往 10007 车停车位置，往王家庄车站方向步行疏散乘客。

王家庄车站值班员：王家庄车站派出人员前往 10007 车停车位置，往王家庄车站方向步行疏散乘客。王家庄车站收到。

行车调度员 A：10007 列车司机行调呼叫。

10007 列车司机：10007 列车司机收到请讲。

行车调度员 A：10007 列车司机配合车站人员往王家庄车站步行疏散乘客。

10007 列车司机：10007 列车司机配合车站人员往王家庄车站步行疏散乘客。10007 列车司机收到。

王家庄车站值班员：行调，我是王家庄车站值班员。

行车调度员 B：行调收到请讲。

王家庄车站值班员：10007 列车乘客疏散完毕，人员、器具已出清。

行车调度员 B：10007 列车乘客疏散完毕，人员、器具已出清。行调收到。

现场抢险人员到达王家庄车站，行车调度员 A 确认抢险负责人。经总调度同意后，行车调度员 B 向王家庄车站值班站长下达轨行区人员进出管控权。

行车调度员 A 根据总调的指示，批复抢险作业令，下达开行救援列车调度命令。

行车调度员 C 通知运营二公司生产调度员派相关专业维修人员对线路、道岔、供电、机电、信号、通信等设备进行检查并及时修复。

王家庄车站值班站长确认人员和器具全部撤离轨行区、具备行车送电条件后，行车调度员 B 收回人员进出管控权。

运营二公司生产调度员回复：设备设施恢复正常，具备运营条件。

行车调度员 B 令电力调度员对悦来至王家庄上下行接触网进行送电。

电力调度员回复：悦来至王家庄上下行接触网送电完成。

行车调度员 B 下达王家庄至悦来上下行区间开通的调度命令。

行车调度员 A 根据总调度指示逐步恢复正常运营。

【学习小结】

1. 列车救援指的是当列车在正线上由于失去动力或因故障无法在规定时间内动车时，通过其他列车与其连挂，采用牵引或推进的救援方式使之及时驶离正线，以确保正线运行的安全畅通。

2. 按救援作业实施位置划分，救援可分为车站救援和区间救援两种。

3. 列车区间救援方法有：列车自救（利用坡道或列车惰力滑行时，应在接触网有电和空气制动机、空压机良好的情况施行）、纵向连挂救援、区间疏散救援等。

4. 在非正常情况下，地铁列车部分或全部车厢越过站台需退回站台办理乘降作业，或列车从区间返回发车站为退行。

5. 跳停是指在非正常情况下，根据运营需要，将停站列车变更为通过列车。

6. 扣车是指在特殊情况下，根据需要将列车扣停在站台。

【知识巩固】

一、填空题

1. 按救援作业实施位置划分，救援可分为_____和_____。

2. 电客车担任救援列车时原则上应先_____后执行救援任务。

3. 根据需要放上行方向列车在下行线运行或下行方向列车在上行线运行时，称为_____。

4. 列车反方向运行时，司机得到行车调度员准许反方向的电话调度命令，改用切除 ATP 模式，限速_____运行，凭车站的引导手信号接车进站。

5. 当列车需要扣停时，行车调度员应在_____操作。

二、 选择题

1. 扣车后的放行原则是（　　）。

A. 行车调度员放行　　　B. 谁扣谁放　　　　　C. 车站值班员放行　　　D. 车站放行

2. 向封锁区间发出救援列车时，不需要办理行车闭塞手续，以（　　）作为进入封锁区间的许可。

A. 红色许可证　　　　　B. 绿色许可证　　　　C. 路票　　　　　　　　D. 行车调度命令

3. 列车反方向运行时，司机得到行车调度员准许反方向运行的电话调度命令，改用切除 ATP 模式，限速（　　）运行。

A. 20km/h　　　　　　　B. 25km/h　　　　　　C. 30km/h　　　　　　　D. 10km/h

三、 简答题

1. 简述列车救援定义，开行救援行车的凭证是什么？

2. 简述列车在区间退行、反方向运行有关规定。

参考文献

［1］ 徐新玉，耿幸福. 城市轨道交通行车组织基础［M］. 北京：人民交通出版社股份有限公司，2016.

［2］ 孟祥虎. 城市轨道交通行车组织［M］. 北京：人民交通出版社股份有限公司，2018.

［3］ 李俊辉，黎新华. 城市轨道交通行车组织［M］. 3版. 北京：人民交通出版社股份有限公司，2021.

［4］ 曾翠峰，罗钦. 城市轨道交通行车组织［M］. 成都：西南交通大学出版社，2018.

［5］ 操杰，王亮. 城市轨道交通行车组织［M］. 北京：人民交通出版社股份有限公司，2020.

［6］ 王芳梅，胡兴丽. 城市轨道交通安全与应急处理［M］. 北京：高等教育出版社，2019.